子どもが10歳になったら投資をさせなさい

横山光昭
Mitsuaki Yokoyama

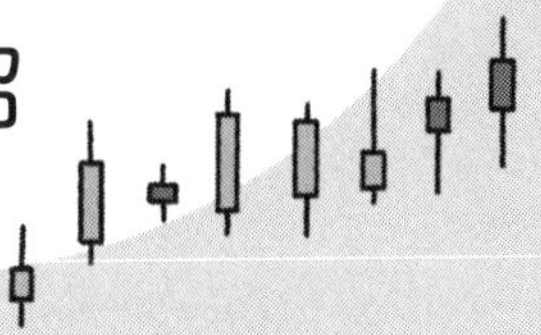

青春出版社

はじめに

横山家は6人の子どもと妻、私の8人家族です。

今どき6人きょうだいというとビックリされますが、社会人の長女を筆頭に、大学4年生で就活を終えたばかりの次女、大学1年生になった三女、高校1年生の四女、小学5年生の五女、小学2年生の長男という構成です。

自分で給料を稼ぐようになった子から、毎月数百円のおこづかいでやりくりをしている子まで、そのお金事情はさまざまです。

そして、妻も私もファイナンシャルプランナーで、家計再生コンサルタントとして2万3000人以上の方の家計の相談に乗ってきました。

そのような環境もあって、わが家では子どもたちともオープンにお金の話をしています。その一例が、毎月行っている「家族マネー会議」。子どもたちは家の収入、支出、貯蓄額から投資額までお金に関するすべての数字を知っていて、家族のお金の使い方についていつも議論しています（これについては、後ほど詳しく説明します）。

そうした取り組みを続けてきた甲斐あってか、長女は節約家で計画的にお金が使える人になっています。一方、三女、四女はのんびりマイペースですが、お金の使い方にははっきりした目的意識が感じられます。

同じ家庭で育っても、金銭感覚には個性が反映されるのが面白いところです。

本書はファイナンシャルプランナーとして、そして現在進行形で子育てをしている一人の父親として、子どもたちに伝えたいお金の話を凝縮した一冊になっています。

タイトルに「投資」という言葉が入っていますが、それはどんどんお金儲けをしましょう、ということではありません。

投資というと株式の短期売買やＦＸ、仮想通貨などをイメージされるかもしれませんが、本書でおすすめするのは、「長く、少しずつ運用を続けることで成果を出す投資」です。商品としては、おもに投資信託を利用します。

ここで言う〝長く〟とは、最低でも10年、通常は20年以上を想定しています。というのも、子どもたちには、大人にはない「時間」という強力な武器があるからです。積立投資では、期間が長くなればなるほど運用益が大きくなっていきます。

金融庁のデータでは、投資信託を5年間保有している場合は元本割れする可能性もあるのに対して、20年間保有している場合はすべて年率２〜８％の運用益を手にしています。長期の積立投資では、やり方を間違えなければ着実にお金を増やすことができるのです。実際、長女は20歳になってすぐ「ｉＤｅＣｏ（個人型確定拠出年金）」を始めて毎月２万３０００円ずつ積み立てていますが、資産は順調に成長しているようです。

「老後２０００万円問題」がニュースになったときも、「30年後でしょ？　このペースなら、全然大丈夫だよ」と笑っていました。

また、「10歳」がお金について考え始めるスタート地点になるのは、5女1男の子育てを通じた経験知であり、ご家族向けのセミナーで接してきたお子さんたちから伝わってきた実感でもあります。

10歳前後になると、子どもたちは「お金は使ったらなくなってしまう」ということ以上に、先を見すえたお金の使い方ができるようになります。

「今ここで欲しい物を全部買ったら、お小遣いがなくなってしまう。いったん我慢して、来月のお小遣いと手元のお金と合わせてもっと欲しい物を買おう」

「お年玉をもらってすぐに全部使うのではなく、毎月のお小遣いが足りなくなったとき補えるように、残しておこう」

10歳は、そんなふうに計画的な使い方を自分なりに考えられるようになる年齢です。

このタイミングでお金にまつわる知識、投資に関する情報を親子で学ぶことによって、お子さんたちの金銭感覚は一気に磨かれていきます。

特に投資に関しては、余計な思い込みがない分、大人以上に勘所を押さえて吸収していってくれるように感じています。

子どもにはお金に困らない人生を歩んでもらいたい。そのような、親であれば誰もが持っている気持ちに応えたいと、本書の原稿をまとめました。

「でも、私自身がお金に詳しくないから、ちゃんと教えられるか心配……」という方でも大丈夫！　子どもと一緒に学ぶつもりでページをめくってみてください。お金と投資について知ることで、そのままお金と社会についても一緒に勉強できます。

子どもとお金の話をしながら、気がつけばあなたのお金リテラシーも向上している——。そんないいことが少しでも起これば、著者としてそれ以上の喜びはありません。

子どもが10歳になったら投資をさせなさい　もくじ

PART 1

子どもと一緒に「お金の使い方」を考える

PART 2

子どもに「お金の増やし方」を教える

PART 3

子どもと「お金と社会」について学ぶ

編集協力　佐口賢作
装丁・本文デザイン　根本佐知子（梔図案室）
装画・本文イラスト　武田侑大
本文ＤＴＰ　センターメディア

プロローグ

あなたと子どもの今を知る、6つの「お金」の質問

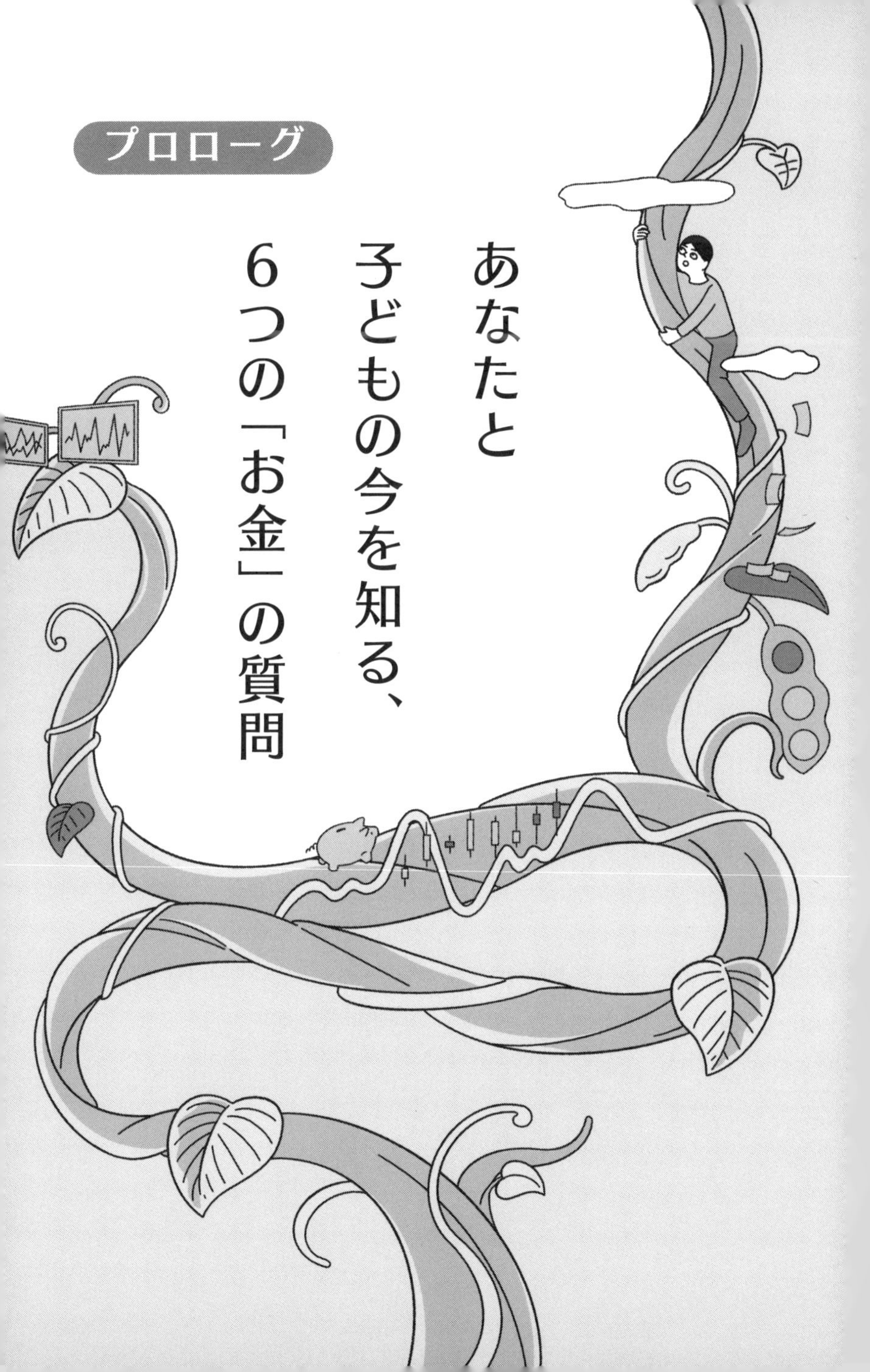

私はこれまで2万3000人以上の家計の相談に乗ってきましたが、そのうち7割、8割の人は「お金に関する不安」を抱えています。

しかも、その不安は漠然としたもので、具体的にどんなことを怖がっているのか、ご本人も把握できてないケースがほとんど。お子さんができたことで、「将来はきっと大きなお金がかかるだろう。貯金が十分じゃないから、不安」と委縮してしまっているお父さん、お母さんも少なくありません。

たしかに、生きていく以上は、少なからずお金が必要ですが、「なんとなく不安だから、とにかくお金を貯めなければ」と覚悟を決め、極限まで切り詰め続けるような暮らしは、家族を幸せにするとは言えないでしょう。

私は赤字家計を見直し、助けるためのアドバイスをするうえで貯金をすすめています。ただし、それはストイックに節約に励む生活ではなく、〝お金とうまくつき合っていく暮らし〟をイメージしています。もちろんある程度のストイックさは必要になりますが、子どもたちと日々を楽しみ、お金に代えられない喜びを共有しながら実現してほしいのです。

しかし、なぜ子どものころからお金に触れ、自分で働いて稼ぐようになった大人たちが、漠然とした「お金に関する不安」を抱えたままなのでしょうか。

その大きな理由は、教育にあります。

日本の学校教育の現場では、一番身近であるはずのお金の話がほとんど出てきません。貿易や世界経済を学ぶ機会はあっても、社会に出てから役立つお金の知識を教える授業はほんのわずか。投資や保険の知識は、大人になってから独学するのが当たり前になっています。

つまり、こんなに**身近で毎日使っているお金なのに、その本質がわからないままになっているこ**と。これが、大人になっても「お金に関する不安」が消えない理由です。

そして、日本では子どもとお金の話はしないというご家庭がほとんどだと思います。自分でもよくわかっていないことを伝えるのは難しいですから、当然です。しかし、お金に疎いまま社会に出てしまうことの弊害は、誰よりも本書を手にとったあなたが実感しているのではないでしょうか。

お子さんの心に漠然とした「お金に関する不安」が住み着いてしまう前にできることがあります。それは、お子さんたちとお金の話をすることです。

本書のタイトルである『子どもが10歳になったら投資をさせなさい』には、あえて「投資」という言葉を入れました。それは**お金への漠然とした不安をなくし、より充実した暮らしを実現していくには、投資生活が必要不可欠**になってくるからです。

そこで、PART1では日常的なお金の使い方の原則を親子で再確認し、PART2では投資のやり方と守るべきルールを学んでもらい、PART3ではお金の知識と世の中の出来事をつなぎ合わせ、人生を豊かにしていく方法を提案していきます。

あなたがわかれば、子どもにもわかる!

このプロローグでは、あなたとお子さんの「お金」に関する今の状況を知るための、6つの質問を用意しました。

前半の三つの質問は、お子さんがこんなことをしたとき、こんなふうに聞いてきたとき、どう対応するかを想像しながら答えてみてください。親として「お金」について話すときのあなたのスタンスが見えてきます。

後半の三つの質問は、私からあなたへの問いかけです。それぞれの質問に答えると、「お金のとらえ方」「投資」「お金の使い方」を再確認することができます。

この6つの質問に答えていくと、あなたの「お金」や「投資」に対する考え方だけでなく、ぼんやりしたままで放置していた漠然とした不安も浮き彫りになってくるはずです。

何がわからないから不安なのかが見えてくれば、準備OK。その答えはPART1以降に書かれています。読んで納得し、お子さんに説明することで「お金」や「投資」への理解が深まり、同時に不安も消えていきます。

質問1

子どもがもらったお年玉を
お友だちに配ってしまった！
「何がいけなかったの？
みんな喜んでいたよ」と言われたら、
あなたはどう答えますか？

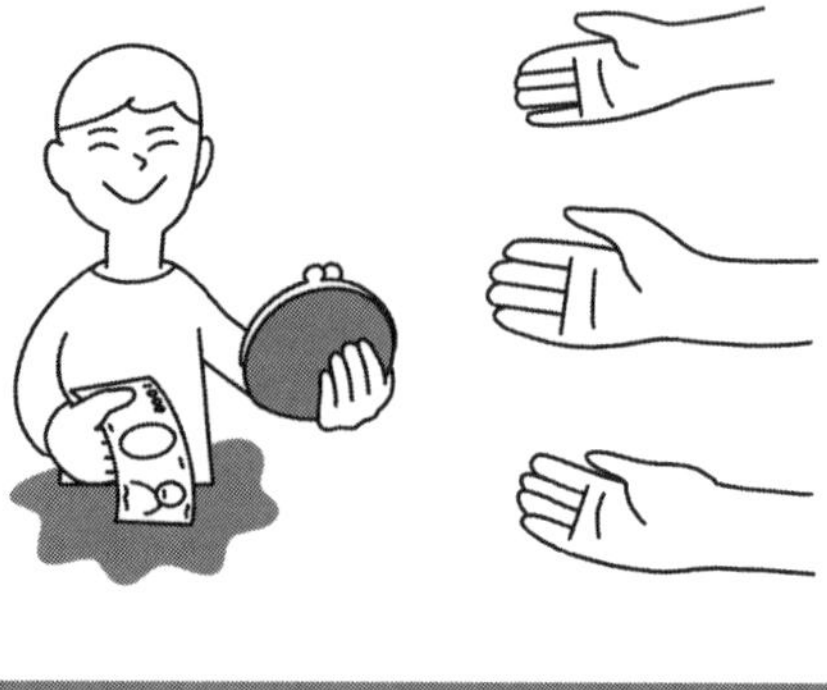

これは横山家で実際に起きたハプニングです。

今、小学校5年生になっている末の娘が2年生のとき、もらったお年玉を「友だちが喜ぶから」と配ってしまったのです。総額8000円。友だち8人に1人1000円ずつ配り、その後、それぞれのご家庭の親御さんが返しに来てくれました。

その後、別の友だちがお年玉でもらった1万円札を持って、「これで遊ぼう！」とみんなを誘い、延々とガチャポン（カプセルトイ）をし続けたという事件も発生。心当たりがないのに、我が子が5個も6個もガチャポンを持って帰ってきたことを各家庭の親御さんが不審に思い、発覚しました。

最近は「お盆玉」と呼ばれる習慣も増えてきましたが、お正月のお年玉は子どもたちにとって数千円、数万円単位のお金を手にする、1年に1回あるかないかのチャンスです。普段のおこづかいが数百円のところに舞い込んできた大金。特に小学校低学年の子どもには、その価値がよくわかりません。

そこで、うちの娘は「友だちが喜ぶから」とお金を配ってしまい、友だちの1人はガチャポンを振る舞ったのです。2人とも悪気があったわけではありません。友だちが喜ぶことをしただけです。ただ、お金の使い方としては間違っています。

その間違いを親として、どう伝えればいいのでしょうか。子どもからすると、「何がいけなかったの？　みんな喜んでいたよ」という感覚です。横山家では、妻と私で「間違った使い方だよ。お金は人に配るものじゃない」と叱り、「何がよくなかったか、考えてね」と伝えました。私も妻もいつになく真剣な表情だったからでしょう。娘は涙を浮かべながら、私たちにつたない言葉ながらも反省していることを伝えてくれました。

お金の小さな失敗は将来の大きな失敗を防ぐ

さて、もし、あなたのお子さんがお年玉を友だちに配ってしまい、「何がいけなかったの？　みんな喜んでいたよ」と言われたらなんと答えるでしょうか。

頭ごなしに叱り飛ばすことで伝わる真剣さもあります。しかし、感情のおもむくままに突き放すのではなく、「いいチャンスが巡ってきた」ととらえ、お金の使い方を話す機会に変えていきましょう。

お年玉は一年間で少しずつ使ったり、欲しいもののために貯金をしたりすべきものだということをあなたの言葉で伝えたら、もらったお年玉の使い方について親子で話し合いましょう。そのとき大事なのは、決めるのも使うのも子どもに責任を持たせ、親は考えをまとめるサポート役に徹すること。**無駄づかいを制限しすぎる必要はありません。**

全額を親が預かって管理するという方もいるでしょうが、その場合は専用の入れ物を用意する、子ども用の口座に入金するなど、お子さんが自分の目で残額を確認できるようにします。なぜなら、お金の使い方を考えると同時に、**実際に使ってみる経験が大切なお金の勉強になる**からです。

つまり、「配ってしまう」「ガチャポンを振る舞ってしまう」というような事件が発生したとしても、その失敗は必ず子どもの金銭感覚を養う土台となります。

お年玉という子どもにとっての大きなお金が入ってきたとき、または子どもがお金の失敗をしてしまったとき、それをきっかけにお金の使い方を話し合いましょう。重要なのは、お金についてコミュニケーションをとるようにすることです。

お金についてのコミュニケーションの方法は、「ＰＡＲＴ１」を参考にしてください。

質問2

子どもに
「お金持ちになるには
どうしたらいいい？」と聞かれたら、
あなたはどう答えますか？

きっと、こんなふうに答えるのが一般的かもしれません。

「いい大学を出て、有名な会社に就職したらいいよ」

「一生懸命勉強して、医者や弁護士を目指しなさい」

「たくさんの人が喜ぶサービスを考えて、会社をつくって、社長になるといいよ」

「プロのスポーツ選手になったら、お金持ちになれるかもしれないね」

たしかに、どのルートでもうまくいけば多くの収入を得られるようになるはずです。

でも、たくさんのお金を稼げばお金持ちになれるというわけでもありません。

私はこれまで、2万人を超える人たちの家計の相談を受けてきています。

そのなかには、世帯年収が1000万円、2000万円を超える裕福な家庭も少なからずありました。ところが、収入がそのような「お金持ちレベル」でも、貯金がまったくないという人もいました。逆に、収入が少なくても着実に貯め、増やし、お金持ちになっているという人もいます。

コツコツとお金持ちに近づいていく人と、収入は潤沢でもお金持ちにはなれない人。あなたは、両者の違いがどこにあると思いますか？

答えは、**自分なりのお金のビジョン、つまり「自分軸」を持っているかどうか**です。

どんなに稼ぎのいい人でも、月々の収入には上限があります。支出の優先順位をつけずに「あれも、これも」とお金を使っていれば、大金もあっという間になくなります。

たとえば、世帯年収が1300万円あるAご夫婦から家計相談を受けたケースでは、月々の収入が76万円ほどありました。これは厚生労働省や国税庁の統計の平均収入と比べて3、4割多く、収入だけを見れば裕福な家庭だと言えます。

ところが、Aご夫婦の家計は支出が79万円超と毎月3万円ちょっとの赤字。問題は、「あれも、これも」とお金を使いすぎる習慣（＝自分軸のなさ）にありました。

子どもがお金について考えるようになる二つの質問

お金の自分軸は、「自分にとって一番大事なこと」「自分はどういう生き方をしたいのか」を自問自答し、優先順位をしっかりつけた先に見えてきます。

大人でもこれを即答できる人は少数派だと思います。でも、ぶれない自分軸を持つと収入の多寡に関係なくお金が貯まるようになり、堅実な投資にも資金を回せるようになって、コツコツとお金持ちに近づくことができます。お子さんから「お金持ちになるにはどうしたらいい？」と聞かれたら、「キミにとって一番大事なことは？」「どんなふうに暮らせたら、幸せだと感じられるかな？」と大きなテーマの質問を投げかけてみましょう。

最初は難しくても、質問を投げかけることで、お子さんは年齢なりに、自分なりに「大事なこと」「幸せだと感じること」について考え始めます。そうやって自分にとっての幸せを感じる基準が形づくられていくと、お金の自分軸もできあがっていきます。

- お金をどう使うと幸せを感じるのか
- 大事なことを実現するために、お金をどう増やしていくのか

PART1やPART2で紹介するお金の使い方や投資の知識を材料に、親子で自分軸を育んでいきましょう。それが、子どもが将来お金に苦労しない人生を歩むための道しるべになります。

質問3

子どもから

「老後2000万円問題って何？」

と質問されたら、

あなたはどう答えますか？

お子さんがネットやテレビのニュース、新聞の記事から「老後2000万円問題」を知って質問してきたのなら、まずは感度の高さをほめてあげましょう。家族で「お金」について話すことの大きなメリットの一つが、社会への関心が高まることにあるからです。

・自分の使ったお金はどこから来て、どこに行くんだろう？
・みんなはどんな仕事をして、どのくらいのお金を得ているんだろう？
・同じ目的の商品なのに、どうして高いものと安いものがあるんだろう？
・日本から遠い国で起こった事件が、どうして近所のスーパーで売っている商品の値段に影響するんだろう？
・老後にお金がたくさん必要とわかって、どうして大騒ぎしてるんだろう？

もし、お子さんが「お金」を通じてそんなふうに社会のこと、世の中で起きた出来事、耳にしたニュースについて疑問を持ち、考えてくれるようになったら、すばらしい成長です。あなたも一緒にその疑問について考え、人生の先輩として意見を出し、話し合うことであなた自身の知識もアップデートされ、世界が広がっていきます。

「お金」は最高の教材

質問に戻りましょう。あらためて考えてみてください。あなたはお子さんから「老後2000万円問題って何?」と聞かれたら、どう答えますか?

話題となった金融庁の金融審議会市場ワーキング・グループの報告書は、専門家の目で見ると、「そのくらい必要だよね」という驚きのない内容です。ところが、いざニュースになると、「2000万円も必要なの?」と世の中の多くの人が動揺しました。

実は家計の相談に乗っていて、全世代から聞かれるのが老後資金の悩みです。20代、30代の方も「将来は年金がもらえなくなるのでは」「賃貸のままで暮らしていたら、契約更新できずに住む場所がなくなるのでは」など、さまざまな形で老後に不安を感じています。これは、私が家計の相談を受け始めた20年前から変わりません。

ですから、私が「老後2000万円問題って何?」と聞かれたら、「先の見えない不安だよ」と答えます。年齢にもよりますが、きっとお子さんは「先の見えない不安」と言われても「ん?」となるでしょう。そこで、「老後がいつからか」「老後資金はいくらくらい必要なのか」について話します。すると、老後の始まりも、老後資金として必要な額も一人ひとりの暮らしぶりによって異なることがわかります。

誰もが老後に2000万円必要なわけではなく、逆に2000万円では足りないという人もいます。不安に対処するとき、大事なのは原因を見えないままにせず、自分に合った形で「見える化」することです。必要な老後資金は簡単な計算式で弾き出せます。仮にその額が2000万円だとしたら、あとはどうやって準備するかです。

何か問題があるとしても、それを「見える化」すれば打開策が立てられるようになります。仮に、お子さんが「自分は貯められるかな?」と聞いてきたら、子どもには「時間」という大きな武器があることを教え、安心させてあげましょう(このことについては、PART2で詳しく説明します)。

「お金」のニュースは、社会について学び、よりよく生きていくための知識を増やす最適な教材でもあるのです。

質問4

あなたは夫婦や家族で、
家庭のお金について
話していますか？

私が家計の相談に乗るとき、結婚している人、子どものいる人には必ず、「パートナーや子どもたちと、お金について話をしていますか？」と聞くようにしています。

家族と一緒にお金を上手に使っていくには、会話することが非常に大切だからです。

夫婦共働きで十分な収入があるのに、「家計が赤字になっている」「貯金ができない」というケースでは、高確率で夫婦が別々の財布で暮らしています。

家賃は男性、食費は女性が受け持つなどなんとなく分担して、それ以外の収入はそれぞれが管理。貯金に関しては、「まあ、向こうが貯めているかな」とパートナー任せ。

一見、お互いの仕事や収入を尊重した暮らし方に見えますが、実際は支出がブラックボックスになりやすく、どうしても浪費が増えてしまいがちです。

「相手の収入のことは聞きにくい」「自分が稼いだお金は自分で管理したいから、相手も同じ感覚だと思う」など、気づかいや遠慮からお金の話をしないのもわかります。

ただ、そんな時期を経て、いざ子どもができたところで気持ちに変化が生じ、「パートナーの収入がわからない」「家計を合わせるべきだと思って相談しても、協力してくれない」と相談される方は少なくありません。

〝お金の話はタブー〟になっていませんか？

夫婦が別の財布で家計の管理をしていると、どうしても価値観の共有が難しくなります。たとえば、チームで仕事をするときのことを想像してみてください。進むべき方向や成し遂げたいことをチームで共有していないと、途中で小さなすれ違いが増えて、プロジェクトはうまく進みません。これは家庭のお金についても同じです。

- 将来は子どもを留学させたい
- 老後を安心してすごせるだけの蓄えをつくりたい
- マイホームを購入したい

このような将来に向けた思いがあるなら、家族で共有して実現に向けたプランを立てる必要があります。そのとき不可欠なのが、お金の話です。

今、家にどのくらいの貯蓄があるのか。隠れた借金はないか。毎月の収入と支出はどのくらいか。パートナーや子どもと話し合う機会をつくりましょう。

PART1で紹介しますが、横山家では家計のすべてをオープンにする「家族マネー会議」を月に1回のペースでずっと続けています。

私の稼ぎも、妻の貯蓄も、毎月の横山家の収入や支出も、子どもたちのおこづかいを増額するかどうかの交渉も、新しい家電を買うかどうかの相談も、すべてガラス張り。全員でリアルなお金の話をしていきます。

子どもたちは自由な発想でお金の使い方を話しますが、成長に応じて「買っていいもの、買わなくていいもの」の判断力がついていくことがわかります。そんな様子を見ることは、私たち大人にとってもいい勉強の機会です。

生活にまつわるお金の話をすることは、家族の価値観や将来に向けた資金計画の共有に役立つだけでなく、子どもの金銭感覚を育んでくれます。もちろん、いきなりすべてをオープンにすることには抵抗を感じる方も多いでしょう。それでも、可能な範囲でお金の話をする機会をつくってみてください。あなたも、お子さんも、お金の認識が変わってきます。

質問5

あなたには投資の経験がありますか？

投資にはブームがあります。

以前、家計の相談にやってきた30代の女性は、初めての投資で「ビットコイン」を買い、手痛い失敗をした経験を話してくれました。

ビットコインをはじめとする仮想通貨がブームになったのは2017年から2018年にかけて。1年間で価格が20倍以上に跳ね上がり、数億円の運用益を手にした「億り人」と呼ばれる個人投資家が生まれ、メディアの注目も集まりました。

相談者の女性はまさに仮想通貨ブームが過熱している時期に「投資を始めてみよう」と思い立ち、話題のビットコインにコツコツ蓄えた貯金を投じたそうです。

最初の投資額は数千円。ビットコインは右肩上がりで価格が上昇して、簡単に数百円の運用益を得ることができました。

これで「お金を増やすのは意外と簡単」という感覚を得た彼女は、本格的に貯金を切り崩してビットコインを買い増します。ところが、百数十万円を投じたところで仮想通貨バブルが崩壊。見るたびに膨らむ含み損におびえながら、あわててビットコインを売却。初めての投資は50万円近い損を出して終わりました。

仮想通貨は需要が高まると価格が上がり、需要が下がると価格が下がる仕組みです。たとえば、1万円で買った仮想通貨の需要が高まり、20倍の20万円に価格が上がると19万円儲かったことになります。しかし、もちろん価格が上がり続けるという保証はなく、ときには半値以下まで下がってしまうこともあります。

同じことはFXなどにも当てはまりますが、短期で大きな値動きがあり、一瞬で儲けを狙うこうしたハイリスク・ハイリターンな投資は、投機と呼ぶべきだと私は考えています。

収穫は10年、20年後

タイトルにもあるとおり、本書は貯蓄から一歩進んで投資することを推奨する内容になっています。ただし、ここでおすすめする「投資」には次のような定義があります。あなたがこれまで投資を経験していても、していなくても、この三つを念頭において子どもたちと一緒に投資を学んでいってください。

・家計の貯蓄の延長線上にあること
・投機的な投資ではないこと
・最短でも10年スパンで考える長期積立投資であること

投資を始める前に、万が一のときのための「生活防衛資金」を含め、金額にして最低でも月収の7・5カ月分程度の貯蓄をつくっておきましょう。

そして投資金額は生活費と貯蓄を並走させられる範囲にして、リスクの少ない投資対象を選びます。コツコツ積み立てて、時間をかけて育んでいくイメージです。

ローリスク・ローリターンの投資を実際に体験すると、投資商品の特性や売り時、買い時、投資におけるリスクなど、さまざまなことを学んでいくことができます。

そして何より、**子どもたちの武器である「時間」を使って10年、20年、30年以上というスパンでの長期積立投資で適切な商品を選べば、ほぼ確実に成果を出すことができると思います。**

お子さんと一緒に、投資によってお金が増える感覚を実感していきましょう。

質問6

お金に関する
どんな成功体験、
失敗体験がありますか？

過去のお金の使い方について思い返してみると、「あれはいい使い方だった」「振り返ってみると、本当に浪費だった」というふうに、自分のなかで評価を下している体験がいくつもあるのではないでしょうか。

たとえば、最初に紹介した、末の娘が「お年玉を友だちに配ってしまった事件」。本人は反省していましたが、彼女がもう少し成長したとき、お金に関する失敗談として、あらためて本人の心に響くものがあるでしょう。

というのも、同じように小さな失敗を重ねながら成長した長女が、東日本大震災のあと、家族マネー会議の場で「被災地に寄付をしよう」と提案してくれたことがありました。

娘がそう言ってくれたことがうれしく、妻と私の子育て、お金の教育が悪いものではなかったのではないかと感じました。私にとっての大きな成功体験です。

投資にしろ日常的なお金の使い方にしろ、私たちは何度となく成功と失敗を繰り返して、お金とのつき合い方を学んでいきます。

親から見ると、「あきらかに無駄づかいだな」というお金の使い方を子どもがしてしまうことがあります。そんなとき、カッとなって「そんな使い方をするなら、来月からおこづかいをあげないぞ」と叱り飛ばしてしまいがちです。

しかし、本人は失敗だとはとらえておらず、「欲しくて買ったんだから、いい使い方だった」と考えているかもしれません。

そこで私たち夫婦は、「あれは無駄づかいだな」と思ったとき、しばらくたってから「この間買った、あの○○使ってる？」「おこづかいもらった直後に全部お菓子を買ってたけど、今月困っていない？」などと問いかけるようにしています。

使ったお金について振り返って、自分で善し悪しを感じてもらいたいからです。この繰り返しによって、本人に〝自分の軸〟ができてきます。

「お金をどう使うか」は「どう生きるか」と同じこと

ＰＡＲＴ１でお金の使い方について一緒に考え、ＰＡＲＴ３で社会とお金のつながりについて知識を深めるうち、親子の間で「お金に対する価値観」の話が自然とできるようになるはずです。この**「お金に対する価値観」こそ、育んでいきたい〝自分の軸〟の土台に**

なります。どんなふうにお金を使ったとき、「充実した使い方ができた」と思えるのか。その回数が増えると、お金の使い方がうまい人になっていきます。

逆に自分の軸がないと、周囲に流されてお金を使ってしまいがちで、気がつくと散財していた、ということになりかねません。

「なんとなく」「安かったから」「友だちも買っていたから」など、目的のないお金の使い方をしている人は、お金が貯まらないタイプです。お金の使い方に自分なりのこだわりや目標がないので、特に目的もなくお金を使ってしまいます。逆に、意味のあるものや喜ばれるものにお金を使おうと考える人は、お金が貯まるタイプです。

お金を使うとき、「これは本当に必要な買い物なのか」「自分にとって大切なサービスなのか」を自問自答する習慣をつけるようにしましょう。

こうした日常にある小さな失敗体験や成功体験を糧にして、あなたと子どもたちなりのお金についての軸を育んでいきましょう。

PART 1

子どもと一緒に「お金の使い方」を考える

PART 1

子どもの気づきになる おこづかいのあげ方

あなたの家では、お子さんにお金を与えるとき、どういう仕組みにしていますか？

家計の相談にやってきた方々、またセミナーなどでお会いする方々、学校で会う父母のみなさんの話を聞いていると、大きく次の三つのパターンに分かれるようです。

・「毎月○円（週に○円）」というおこづかい制
・必要なときに渡す一時金制
・お手伝いに応じて渡す報酬制

横山家では、小学校3年生になってから高校を卒業するまで、毎月のおこづかい制でやっています。額は学年によって異なりますが、月に一度おこづかいを渡し、あとは本人の管理で自由にやりくりしてもらいます。

もし、部活動で必要な道具、どうしても手に入れたい生活用品、みんなで共有したら生活が楽しくなるアイテムなどを買いたい場合、月に一度の家族マネー会議の場でそれぞれがプレゼン。私と妻、本人以外の子どもたちが納得すれば家計から支出して購入します。

なぜわが家がおこづかい制での子育てを実践しているかと言うと、2人ともファイナンシャルプランナーでもある私たち夫婦は、「おこづかいをもらっている間は、お金の使い方を学ぶ訓練期間だ」と考えているからです。

この時期、何より重要なのは自分の手持ちのお金を見ながら使い方を自分で考えること。毎月定額のおこづかいを渡すことは、計画的なお金の使い方をするためのトレーニングになります。

とはいえ、実際に子どもたちがお金の価値をしっかりと理解し始めるのは10歳ごろ。しかも個人差があります。

たとえば、娘が小4のとき、500円のおこづかいをもらったその日に500円分の買い物をしてしまい、その後、出かけるたびに10円のお菓子も買えないことにガッカリするというような場面も目にしてきました。

お金の価値をわかり始めてはいるものの、目の前の「欲しい！」に流され、計画的に使えないこともあるわけです。ただ、そういった小さな失敗によって、「一気に買っちゃうとあとで大変」ということを学び、翌月以降は我慢するようになります。

また、最近はスイカやパスモなどの交通系のICカードが普及してきたため、子どもたちも電子決済で支払う場面が増えています。こうした決済手段のない時代に成長した私たちは、「チャージするんだから、結局これは現金を使うのと同じこと」という自覚がありますが、子どもたちが同じようにとらえているかはわかりません。

そんな時代だからこそ、小さいうちから現金でお金を使う感覚を学ぶ必要があります。これは大人も同じですが、**「お金としての実態」を感じていないと、ついつい浪費してしまうからです。**

「報酬制」がおすすめできない理由

「お金という実感」がないという意味で、私は必要なときに渡す一時金制をあまりおすすめしていません。

親がしっかり使い道を管理しないと、それが「本当に必要な使い方」かどうか曖昧になるだけでなく、子どもに「お願いしたら、お金が出てくる」「ちょうだいと言えばいい」という感覚を持たせてしまうからです。

家計相談では、専業主婦の方から「私は専業主婦だし、稼ぎが少ないからおこづかいをもらえてないんです」というお話をよく聞きます。しかし、掘り下げて確認すると、スーパーでの買い物のときなど、家計から自由に使っているケースが多々あります。

おこづかいに換算して計上すると数万円。でも、本人はおこづかいなしでコツコツ節約しているという感覚です。子どもへの一時金制も似たようなズレを生む可能性があります。

もう一つの、お手伝いに応じて渡す報酬制にはメリット、デメリットの両面があります。

お金は労働の対価だという原則を覚えるには適しているかもしれませんが、日常的なお手伝いにもお金が絡むとなると、それは正しい親子関係なの？という気がしてきます。

親としては「このくらいやってくれて当たり前」なことを、子どもは「（対価を）もらえないならやらない」となってしまいかねません。

ただし、心理的な抵抗を感じないのであれば導入してみるのもいいでしょう。お風呂を掃除したら○円、食事のあとに食器を洗ったら○円、犬の散歩に行ったら○円、テストで満点をとったら○円、決めたルールを守れたら○円など、細かく設定して積み上げていくことになるでしょう。また、定額のおこづかいを少なめにして、一部をお手伝いの報酬制にするという組み合わせもあります。

お子さんのお金の管理能力は上がるでしょうが、個人的にはおこづかいはおこづかいで渡し、お手伝いには「ありがとう」で終わりたいと考えています。

「何が欲しいのか」より「何が必要なのか」

お金は私たちが生まれた瞬間から一生の間ずっとつき合っていくもので、人生の幸福度を大きく左右します。

そして、子どもたちにとって最初にお金の使い方を考える機会となるのがおこづかいです。横山家では小学3年生から500円のおこづかいが支給され、学年が上がると小学生のうちは100円ずつ上がる仕組みです。おこづかいを始める年齢の根拠は特になく、長女のときのやり方を続けています。

ただ、五女だけは600円からのスタートでした。これは彼女が家族マネー会議で「欲しい月刊マンガ雑誌が580円だから」と主張し、承認されたからです。マンガ雑誌を買うと残金は20円ですが、文房具などの学校生活に必要なものは家計から出すルールなので、残金20円でもかまわないと納得していました。

ただ、それでもおこづかいが足りない場面は出てきます。そんなとき、子どもたちは「年間のおこづかい補填費用」から使っています。

これはお年玉を貯金と「年間のおこづかい補填費用」に分けたもので、足りない月の分をそれで補ったり、月々のおこづかいでは買えないものを購入したりしています。

小中学生のうちは、買い物をするときは妻や私に「〇〇を買う」と申告するのがルールになっています。

そして、子どもたちが買ったものをどうしているかについてそれとなく気にして、後日「最近、使っていないけど、大切にしている？」「いい買い物だった？」「出しっぱなしで片づけてないよね？」など、本人が使い方を振り返ることができる問いかけをします。大切にしていなかったら「無駄づかいだ」と反省し、次に生かしてもらいたいからです。

すべてのものについて問う必要はありませんが、**本人の意志でした買い物に「どうだった？」と問いかけて、使い方を意識するように手伝いをしましょう。**

おこづかい制を始めるとき、親としては「すぐに使い切ってしまうんじゃないか」と不安になります。しかし、私はそれでいいと思っています。

最初はおこづかいをもらった当日に全部使い切ってしまうという失敗をしたとしても、親は欲しいものを簡単には買ってくれないとわかると、やりくりすることを覚えます。

さらに、「そもそも、これは本当に欲しいものなのか」と、子どもながらに熟考するようになってきます。「欲しい」というウォンツの理由を掘り下げていくと、より本質的なニーズが見えてくるということです。

たとえば、「友だちとファストフード店に行きたい」と思ったとき、本当のニーズは「友だちと一緒に時間をすごしたい」ということだと気づくと、「だったら、家に来てもらえばお金を使わずにすむかも」と行動が変わってきます。

計算、管理、金銭感覚など、おこづかいを通じてお金の使い方を考えることは、子どもにとってとても重要な学びと体験です。

こうした金銭感覚の教育は、社会に出ていく前準備になります。なにしろ、私たちはずっとお金を使いながら生きていくのですから。

PART 1

〝お金の失敗〟は早い方がいい

お金の失敗と聞いて、あなたはどんなことを思い浮かべるでしょうか？

・財布を落とした
・カードローンで借金をしてしまった
・後悔するような浪費をしてしまった
・お金の貸し借りで友だちとの関係がギクシャクしてしまった
・後輩におごりすぎてしまった
・投資していた株が暴落した

深刻な失敗からそうでもないものまで、人によってさまざまでしょう。

私もお金の失敗はたくさんしてきました。

若いころは、アルバイトで稼いだお金のほとんどをパチスロにつぎ込み、2、3日で全額スッてしまうという完全な浪費を繰り返していましたし、社会人となり独立してからも借金に苦しんだ経験があります。


こうした若いころのお金の失敗について、私は「しておいてよかった」と心から思っています。その理由は二つ。

一つは、失敗をしたことで「何をやってるんだ、オレは……」とダメな自分に気づけたこと。もう一つは、人の失敗を頭ごなしに責めたり、否定したりしなくなったことです。

自分のダメなところを知っているから、人は失敗してしまうものだと身にしみているから、単なる理想論のようなお金の話はできません。家計が赤字になってしまっていることを、理由もなく否定するなんてこともできません。

その気持ち、わからなくはないからです。だからこそ、そこからどう改善していけばいいいかを一緒に考えていくことができます。**お金で失敗してしまったあとで最も大切なのは、「振り返り」をするかどうか**なのです。

失敗はしてもいい。その後で、「じゃあ、この失敗をふまえてどうしようか？」と考えられるようになれれば、なんの問題もありません。

これは、子どもたちの金銭感覚の教育についても同じことが言えます。

人生最初の「大金」はお年玉

子どもたちがお金の小さな失敗をするたびに、私は内心「しめしめ」と思っています。

プロローグでも紹介した「お年玉を配ってしまった事件」では、小学2年生の娘が「配ると友だちが喜ぶから」という理由で8000円のお年玉を8人の友だちに配ってしまいました。毎月のおこづかいが500円のところに、8000円というお金が入ってきて気が大きくなった、また友だちにいい顔をしたいという気持ちもあったのでしょう。

お金は親御さんたちが返しにきてくれましたが、本人は1000円でどれだけのものが買えるかを想像して、「大変なことをしちゃった」「間違えた」と反省し泣いていました。

私たち夫婦もきつく叱りましたが、ほんのわずかな時間です。長い時間かけて責めるよりも、ひと言「間違った使い方だね」と叱って、配るのがなぜいけなかったのかを本人なりに考えさせるようにしました。

大人と同じで、大事なのは「何がよくなかったか」を振り返ってもらうことです。

多くの家庭で、子どもたちはお年玉で初めて「大金」を手にします。

身に余る現金を手にすると、それだけお金の失敗をする確率も高くなります。親が「お金教育の一環として、あえて失敗経験を積ませよう」なんて気負わなくても、ある程度自由にやらせていれば、子どもたちは勝手にしくじってくれるものです。

そして、そのしくじりが先生となって、こんなことを体感してくれます。

・舞い上がって使いすぎてしまうと、その後で苦しくなること
・必要のないものを買っても、すぐに飽きて使わなくなってしまうこと

・お金は使うとなくなってしまい、簡単には手に入らないこと

もちろん、子どものころのお金の失敗は一度で終わりません。何度も何度もしくじりながら、徐々にお金の使い方を学んでいくのです。

おこづかいの前借りはＮＧ

お金の失敗は、月々のおこづかいでも発生します。

たとえば娘が小学校3年生のとき、お友だち同士で誕生日のプレゼントを交換することになりました。娘は友だちに喜んでもらおうと真剣にプレゼントを選び、レジへ持っていきましたが、その価格は毎月のおこづかいの500円を超えていたのです。

当然、お金が足りないため会計できません。ひと昔前の個人商店であれば、おじさんおばさんが機転を利かせてまけてくれたり、あとで私たちに教えてくれたりして、なんらかの方法で商品を手に入れられたかもしれません。

しかしその日、娘はお金が足りないためプレゼントを買えずに帰ってきました。親としては手を差し伸べたくなる状況ですが、私たちは月に1回のおこづかい以上のお金は絶対に出さないことに決めています。もちろん、おこづかいの前借りも禁止です。

このとき、娘はお年玉から分けた「年間のおこづかい補填費用」でプレゼントを購入。レジでの失敗体験から、持っている額でやりくりすることの必要性を学んでくれました。

やりくりに失敗したら、翌月のおこづかいの日まで我慢する。8歳、9歳からそのルールを体感していても、高学年になるとお友だち同士のつき合いも広がっていきます。するど、夏祭りに行ってその雰囲気に舞い上がり、おこづかいを一気に散財してしまったなんて失敗もありました。やりくりが大事なのはわかっているのに、やってしまう。その感覚、大人にもよくわかりますよね。

失敗したら、「失敗しちゃった」と振り返り、次に生かせば大丈夫。**いくつになってもお金の失敗はゼロにはなりませんが、学び続ければいいのです。**

PART 1

「ニーズ」と「ウォンツ」のフィルターにかける

欧米では子どもの金銭感覚を教育するとき、初歩の段階で「それは必要なの？　それとも欲しいの？」という問いかけをするそうです。

・必要＝ニーズ
・欲しい＝ウォンツ

お金を使う前に、自分で自分に「必要だから買うのか」「単に欲しいから買うのか」と問いかけると、大人の私たちでもハッとすることがあります。私たち大人は、子ども以上に「単に欲しい」を「必要」にすり替えることが得意だからです。

たとえば、私の家には立派な一眼レフのデジタルカメラがあります。「家族の写真がきれいに撮れる」「成長の記録が残せる」と必要性をアピールし購入したものの、実際に使うのは年に1、2回。購入して半年もすると、必要だから買ったのではなく、完全に欲しいから買ったのだということがあきらかになり、「家族マネー会議」で娘たちから小言を言われました。

きっと、似たような経験は誰にでもあるでしょう。**自分のニーズとウォンツを客観視して、冷静に判断するのは大人でも難しいものです。**

とはいえ、浪費が多く、貯金ができないと悩んでいる方の家計をチェックすると、ウォンツに流されたお金の使い方が目立つのも事実です。

そこで、私は自分自身の失敗の反省も含めて、子どもたちに「おこづかいをもらったら、何に使うの?」と問いかけるようにしています。

すると、子どもたちには欲しいものがいっぱいあることがわかります。

お菓子を買って、ガチャポンをして、読みたいマンガの続きも欲しいし、友だちと遊ぶトレーディングカードも買い足したい……（こんな大人もいますよね）。

次から次へと実行すると、あっという間におこづかいはなくなります。

その後、子ども的に絶対に必要で欲しいものが出てきたら、どうなるでしょう？　おこづかいの前借りはできませんから、手に入れるには「年間のおこづかい補填費用」を切り崩すしかありません。

身近な例ですが、最近の横山家ではこんなやりとりがありました。

小学生の娘が、「タピオカドリンクを買いたい。でも、今月は『ちゃお』を買っちゃったから、自由になるおこづかいが残ってない。お年玉の使っていない部分から出していい？」と妻に伺いを立てました。

妻はすぐにイエス・ノーのジャッジを下すのではなく、家にいたお姉ちゃんたちを交えてミニ家族マネー会議を開催。すると、すぐに次のような意見が飛び交いました。

「おこづかい600円の子が500円もするタピオカドリンクを飲んでいいの？」

「本当に必要？」
「買うとして、どこかに割引券はないの？」
「どうしても欲しいなら、お姉ちゃんが買ってあげようか（そんなのズルいと反論も）」

大切なのは、このやりとりの間に小学生の娘が「本当に必要なのか」「ただちょっと飲んでみたいと思っただけなのか」と、ニーズとウォンツを考えることです。

その結果、こんな使い方をしていると「年間のおこづかい補填費用」もなくなることを知ったうえで、それでもタピオカドリンクを買うというなら、それはそれでOK。判断を委ねた以上、親が否定して止める必要はありません。

子どもたちはあの手、この手でウォンツをニーズだと説明してきますが、お金の失敗は早い方がいいのはここでも同じ。**使ってみて、きちんと後悔するなら勉強代です。**

「欲しい」は「必要」を満たしてから

経験上、子どもたちがニーズとウォンツの違いに気づき、少しずつわかってくるのは小学3、4年生、10歳くらいからだと感じています。

たとえば、「アイスを食べたいけど、コンビニで買ったら130円。でも、家の近くの西友なら88円。今食べても家に帰って食べても一緒だから、西友で買うね」みたいな会話が自然と出てくるようになります。

ここで買うより他で買った方が安い。そもそも、お金を出して買うほど必要じゃない。そんな区別がつくというのは、自分のなかでニーズとウォンツというものさしで自問自答している表れです。

そして、私からは「おこづかいをもらったら何に使う?」という質問とともに、「欲しいものリスト」のつくり方を伝えることで、子どもたちをサポートしています。

「欲しいものリスト」のつくり方は簡単です。

1 おこづかいをもらった時点で「欲しい」と思っているものを一つずつ書き出す
2 店頭やチラシ、ネットなどを使い、それぞれの値段を調べる
3 ニーズとウォンツをよく考えて、買いたい順番を決める

一番買いたい商品が300円だとしたら、500円のおこづかいの残りは200円。こうやって「見える化」すると、二番目と三番目に欲しいものが買えるかすぐにわかるだけでなく、本当に自分の必要なものに気づいて、それにお金を使えるようになります。

こうしたトレーニングを繰り返すと、子どもたちの金銭感覚は鋭くなっていきます。

先日も週末に家族でスーパーへ出かけたとき、たまたまアイスクリーム店が目に入りました。私は「たまにはいいんじゃない」と家族8人分のアイスクリームを買おうと提案。8個で3200円でした。

すると、社会人になったばかりの長女がたまたま休日で一緒に来ていて、「下のスーパーなら100円ちょっとでカップアイスを売ってるから、そっちでいいんじゃない」と。すっかりウォンツでの買い物をいさめられてしまいました。

「欲しい」だけで買い物をしてしまうと、生きるために欠かせないものを手に入れられないまま、手元にあるお金がなくなり、暮らしに困るということが起こりえます。

収入には限りがありますから、まずは必要なものを手に入れてから、「欲しい」を満たすようにしましょう。支出にニーズで優先順位をつけて、その順にお金を使っていくと、無駄のない効率的なお金の使い方ができるようになります。

PART 1

消費、浪費、投資の「家計三分法」

私が家計のアドバイスをするとき、必ず伝えているのが「家計の三分法」です。
これは、支出を「消費」「浪費」「投資」の三つに分けてお金の使い方を振り返り、その意味を考えるトレーニングです。

消費――生きるため、生活するために欠かせない支出で、食費や家賃、水道光熱費、交通費、スマートフォンの利用料金などが当てはまります。
浪費――いわゆる無駄づかいしてしまったお金。ギャンブルや過剰な嗜好品、借金の利息、不用意にかかる手数料や年会費などが当てはまります。
投資――自分に返ってくる使い方です。仕事の幅を広げるための通信教育代、書籍・参考書代、セミナー代など、自分の将来に役立つと思われるもの。もちろん、貯金や金融商品への投資も含まれます。

たとえば、無意識のうちに積み重なる浪費を「ラテマネー」と言うことがあります。コンビニでのコーヒーやコーヒーショップのラテなど、なんとなく使うお金も積み重なると大きな浪費になるもの。１００円のコーヒーも毎日なら1年で3万６５００円。３４０円のラテだったら12万円を超えます。

お金の使い方がうまい人たちは、目の前で出ていく小さなお金をバカにしません。いらないものは、セールでいくらお買い得に見えても買いません。自分の軸に従って、生きたお金の使い方にこだわるからです。

私が「家計の三分法」をすすめているのは、自分らしいお金の使い方の軸をつくってもらうためでもあります。

とはいえ、家計の相談に来た方がすぐ私の言うことに納得してくださるわけではありま

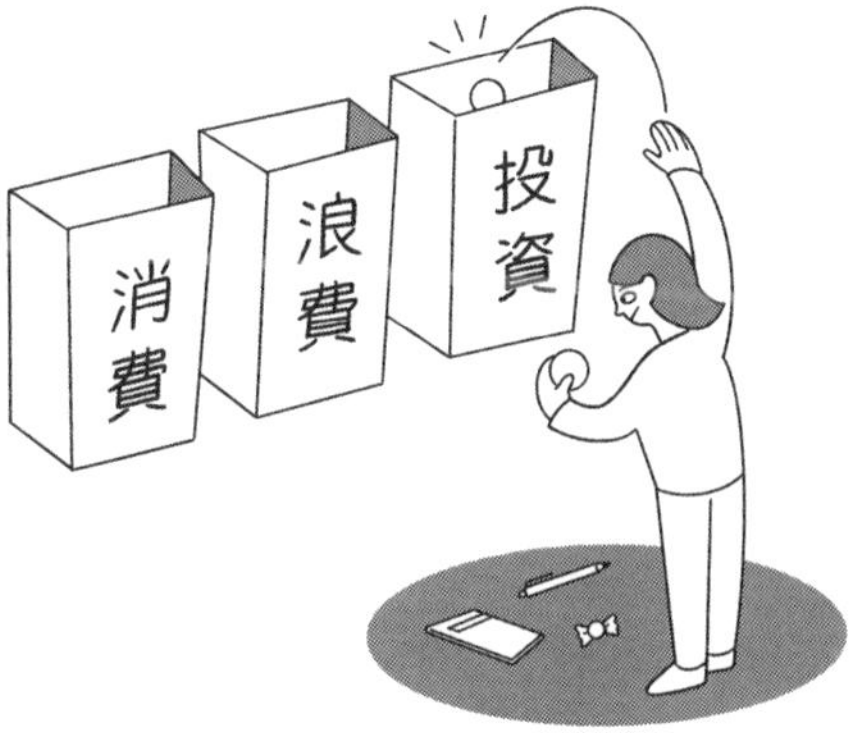

せん。家計簿をつけたり、家計のお金を仕分けて記録したりするのは、とても手間のかかる作業だというイメージがつきまとっているからです。

ただ、「家計の三分法」を実践するのはそれほど大変なことでありません。お金を使ったら必ずレシートをもらい、捨てずにとっておき、家に帰ったら見返しつつ、「消費」「浪費」「投資」の三つの箱（封筒でも）に分けていくだけ。

「今日、同僚につき合ってコンビニに立ち寄る必要はなかったな。コーヒーだけじゃなく、ついでにチョコも買っちゃったから、合わせて『浪費』だ」

「でも、昨日のスタバのラテは取引先との打ち合わせだったから、『消費』だな」

「この間の飲み会の参加費は浪費になるかと思ったけど、学んでいきたいジャンルに詳しい友だちができたから『投資』かも」

深刻に「これは、浪費？　消費？」と悩むことはありません。ざっくり分ければ、それでOKです。そもそも、私たちは「これは浪費！」「自分の稼いだお金だ、浪費しよう！」と覚悟を決めて浪費することはほとんどありません。使った瞬間は、消費か投資のつもりでお金を出しているはずです。その一つひとつを振り返り、「あ、これはいらなかった」と気づくことが大事です。「自分には、こういう無駄づかいの傾向があるよな」「後悔する使い方は気分がよくないな」と素直に認められたら、それだけで劇的な進歩です。

残念なのは、失敗を失敗だと気づかないまま続け、何度も何度も繰り返してしまうこと。そうならないよう、気づくための仕組みが必要です。

ゲームは消費？　浪費？　それとも投資？

支出を振り返りながら、「消費」「浪費」「投資」の三つに分けていく作業は子どもたちの金銭感覚を育てるうえでも役立ちます。

そこで、前項で紹介した「欲しいものリスト」の下の段や隣のページでかまわないので、おこづかい帳をつけるようにすすめてみましょう。書く項目は、シンプルにします。

1 いつおこづかいをもらって、いくら入ったか
2 買った日と買ったもの、金額、おこづかいの残高

これだけでOKです。そして週の終わりや月末に、このお金の使い方を振り返ります。「買った日と買ったもの、金額、おこづかいの残高」の横に、自分にとって「消費」だったのか「浪費」だったのか、「投資」だったのかを書き込みましょう。

子どもたちがうまく仕分けできるか不安かもしれません。

しかし、親子でご参加いただくセミナーなどで、家計の支出を「消費」、「浪費」、「投資」の三つに分けるゲームをしていただくことがあり、そこでは子どもたちが意欲的に仕分け

にとり組んでいます。

そのセミナーでは、「食費」や「ケータイ」、「保険」、「お酒・タバコ」、「洋服」、「ペット」、「日用品」といった費目をカードにして、どれが「消費」、「浪費」、「投資」に当たるかを子どもたちに分けてもらうこともあります。

すると、お父さんの「お酒・タバコ」は浪費に。自分たちが遊ぶ「おもちゃ」や「ゲーム」も浪費に。「外食」や「おやつ」、「ケータイ」は、必要だけど、使いすぎると無駄づかいになるからと「消費」と「浪費」の間に。


「投資」には「本」や「塾・習い事」などが入り、大人世代に新鮮だったのは「新聞」が「浪費」に入りがちなこと。これはテレビやネットで情報を得るのが当たり前になっているため、わざわざニュースを買う意味が伝わりにくいからでしょう。

また、「病院」を「投資」に仕分けしたお子さんもいて、「どうして?」と聞くと、「大人になったらお医者さんになりたいから」と返ってきたこともありました。

子どもたちは、私たち親が思っている以上に自分なりの金銭感覚を育んでいるのです。

正解、不正解はありません。自由に考えさせてみましょう。

「おこづかい帳」をつけさせるには

ですから、親が逐一「その使い方でいいの？」「無駄づかいになってない？」などと干渉しすぎると、本人の学びにつながりません。

おこづかいはある程度、その子が使いたいように使うようにして、自分で「これでよかったかな」「どうかな」と考えてもらうことが大事なのです。

おこづかい帳はそのきっかけになるだけでなく、お金の使い方を「消費」「浪費」「投資」に分けて評価することで、自分なりのバランス感覚を磨く助けにもなります。

ちなみに、横山家ではおこづかい帳をつけることをすすめてはいますが、絶対に守らなくてはいけないルールにはしていません。その代わり、つけている子はおこづかいに10％分のボーナスがつきます。おこづかいが月500円の子は550円に、1000円の子は1100円になるわけです。おこづかい帳をつけることへのご褒美です。50円、100円でも、1年分積み重なると子どもたちにとってはうれしい額になります。

最初はボーナスがモチベーションになっておこづかい帳をつけ始め、続けるうちに書くことが負担でなくなり、逆に自分のお金の使い方を振り返るのが楽しくなっていく。

そんなサイクルに入っていく子もいれば、おこづかい帳が苦手でつけていない子もいます。そこはそれぞれの個性に合わせ、強制する必要はありません。

その分、親が「使ってみてどうだった？」「買ってみてどうだった？」と声をかける頻度を増やしましょう。

また、「これは本当に消費？　浪費じゃない？」など、仕分けに強くこだわることもしません。**この時点で大事なのは、お金について考える機会を増やすこと**だからです。

子どものころのおこづかいとの向き合い方は、大人になってからのやりくりにも必ず生きてきます。

PART 1

「家族マネー会議」のすすめ

日本では、なぜか昔から「子どもにお金の心配をさせたくないから」というような理由で、家の収入や支出について教えないことが当たり前とされてきました。

私を含め、同世代の親御さんたちのほとんどが、親の年収がいくらで、毎月どのようなことにお金がかかって、ローンがいくら残っているかなど、子どものころにはまったく知らなかったはずです。

しかし、ここまで読んでいただいてあきらかなように、**「心配させたくないから教えない」というスタンスは、子どもの金銭感覚の成長を妨げてしまいます。**

子どもたちは2歳、3歳、4歳くらいから確実にお金へ関心を示すようになり、どういう仕組みかは理解していなくても、お金とお菓子、お金とジュース、お金と絵本、お金とおもちゃ、お金と楽しい出来事が交換できることはわかっています。

そして、小学校に上がるころには、欲しいものがあるのに買ってもらえないとき、「自分のお金があったらな……」と思い、おこづかいをもらうようになると、「もっとあったらいろんなものが手に入るのに……」と思うようになります。

お金の機能は理解しているのに、その価値や使い方がよくわからない。そんな子ども時代をすごしてしまうと、大人になってからクレジットカードを乱用したり、借金を抱えてしまったり、誰かの連帯保証人になってしまったりと、お金のトラブルを抱えるリスクが高まります。

子どもたちがお金について学ぶための最適な教材は、家計です。

家のお金が実際どうなっているのか？　ちょっと話しにくいところもあるでしょう。それでも、家庭のお金の流れを子どもたちとオープンに話してみること。そのうえで、お金の使い方を一緒に考えてみること。

前述したように、わが家では子どもとお金の使い方について話す「家族マネー会議」を開催しています。じつを言えば、私自身も子どもにお金の話をすることに抵抗感を抱いている1人でした。自分の子ども時代を思い返しても、親と家計のこと、お金のことを話し合ったことがなかったので、なんとなく触れない方がいいものだと思っていたのです。

ところが、長女が小学校2、3年生のころでした。妻とリビングで生命保険料などについて話していたら、「保険料ってなんで払っているの？」と会話に加わってきたのです。悪いことをしているわけではないし、隠す必然性はないのですが、一瞬戸惑いました。なんとなく、夫婦の秘密を見られてしまった、という感じでしょうか。

私のどこかに「子どもがお金について考えるのはあまりほめられたことではない」という偏った先入観があったからです。しかし、冷静に考えてみると、話して困ることも、おかしなこともないと思い返しました。

そこで、生命保険の仕組みなどを説明しながら保険料について話しているうち、「お金の話は子どもとのいいコミュニケーションにもなる」と気づいたのです。

以来、定期的に子どもたちも含め家族全員に家計について話すようになっていき、現在「家族マネー会議」は月に一度のペースで開いています。

会議をやってみると、いいことばかりでした。子どもたちは、私たち大人が思いもしなかった純粋な意見をくれます。お金の常識に縛られていないので、予想もしなかった方向から質問が飛んできます。

その質問に答えようと知恵を絞っているうちに、「まてよ、この常識、本当に合ってるか？」とこちらが自問自答し、気づきを得ることもあります。

「家族マネー会議」の思わぬ効用

横山家の「家族マネー会議」の開催日は、給料が出た週の金曜日。社会人になった上の子から小学生の末っ子まで家族8人、全員参加です。

最初に「今月の収入」を公開。私や妻の給料、書籍の印税なども包み隠さず、すべて見せます。幸い今ではそんなことはありませんが、独立して日が浅く収入が安定していなかったころは、「今月、少ないね」と子どもたちがざわつくこともありました。

次に家計簿をつけている妻が「今月の支出」を発表。住居費、水道光熱費、通信費などの固定費、食費、交際費、医療費などの変動費、前月との比較もしつつ、出ていったお金について報告します。

ここで「無駄じゃない?」と感じる支出に対して、子どもたちからチェックが入ることもあります。私は以前、1日2箱吸う愛煙家でした。でも、当時はおこづかいが月10000円未満だった娘たちからすると、1箱280円のタバコを2箱。1日当たり560円、1カ月で1万7000円もの支出は多すぎると感じたのでしょう。

「お父さんはなぜタバコを吸うの?」と聞かれ、「息抜きで」と説明したものの、「これだけのお金があれば本やノートやおいしいおやつも買えるのに……」と言われて、反論できませんでした。

こちらは必需品のつもりでも、子どもから見ればただの贅沢品であり、無駄なものだというとらえ方だったのです。結果的には、この会議をきっかけにタバコをやめる決心ができたので、娘たちに心から感謝しています。

続いて貯蓄の推移を公開。貯金はもちろん、株式投資の損益、投資信託の評価額など、投資の内容についても伝えています。下の子たちは、未就学児だったころはもちろん、小学生になった今も私や妻が何を言っているのかよくわかっていないと思います。それでも、その場に一緒にいて、会議に参加し続けることで彼らなりに理解し、疑問を持ち、お金や投資に興味・関心を抱いてくれるようになります。

お金の使い方をプレゼンさせる

ここまでが「家族マネー会議」の前半だとすると、盛り上がるのはここから先、後半のプレゼン大会です。

収入から支出と投資を含めた貯蓄を引いたあとに残ったお金。これを使って何か購入したいものはありますか？と話し合います。

あるときは中学生だった娘が「塾に行きたい」と手を挙げました。それに対して「塾代が高すぎるんじゃない？」「続けられるの？」と質問が出ます。すると、娘は「お姉ちゃんは私立に通っているけど、私は公立中学だし、高校も公立に行くつもり。学費がかからない分、塾に行ってもいいはず」と返し、家族を納得させ、塾に通えるようになりました。

そうかと思えば、私が「自分用のドライヤーが欲しい」と提案したときは、家族全員から「今ある女性向けのドライヤーでも髪は乾きます」と言われ、却下。このように「家族マネー会議」では、稼ぎ手かどうか、年齢が上かどうかは関係なく、平等に意見をぶつけ合っていきます。

ルール化しているのは、**会議のあとには文句を言わないこと。**言いたいことは会議の席上で言い、不満も会議の間でおしまいにします。そして、**子どもからの意見だから……と甘く受けとらないこと。**あくまで大人からの意見と同様に受けとり、真摯に検討するようにしています。

大切なのは、そのお金の使い方が家族にとって有効かどうかです。少しでも疑問があると、会議を通ることはありません。

「みんなで使うために欲しいものはある？」と聞いてみる

「家族マネー会議」は、家計と子どもたちのお金の使い方にさまざまな効果を発揮してくれます。

・家計の流れを共有することで、お金の使い方に計画性が出始める

たとえば、今月は支出が増えているから欲しいものは我慢しよう。前回はお父さんの希望のものを買ったから、来月は自分の欲しいものを提案してみよう。

そんなふうに計画的にお金を使う視点が育っていきます。

・家計管理が楽になる

収入と支出を家族全員が共有するので、節約したいときも協力を得やすく、家計管理が楽になります。また、家計の状態がわかっているので、親にねだるのではなく、自分のおこづかいを貯めて欲しいものを買おうとするなど、子どもたちのお金のやりくりもうまくなります。

実際、家計の相談にやってきたお客様で「家族マネー会議」を始めてみたという人に話を聞くと、こんな変化があったと教えてくれました。

「住宅購入の頭金を貯めていることを子どもたちが知ったことで、家計に興味を持ってくれるようになった。新しい家に住むことを実現したいと楽しみにしてくれるようになり、モデルハウスの広告を見ながら貯金の進み具合を気にしてくれたり、欲しいものを我慢してくれたりするようになった。自分のおこづかいも貯めているようだ」

「勉強が不安だと複数の塾に通っていたが、家計の実情を知り、節約のために塾を減らすことを考えてくれた。どの塾を残そうかと優先順位を考えているようだ」
「家計のやりくりについて話すようになったら、社会人の子どもが家にお金を入れてくれるようになった。アルバイトをしている子どもも少しずつお金を入れてくれるようになり、ありがたい」

あなたが「うちも家族マネー会議をやってみようかな」と思ったとき、いきなり収入や貯蓄額のすべてを公開するのは難しいかもしれません。そんなときはまず、家族が集まったとき、子どもやパートナーに**「最近、みんなで使うために欲しいものはある？」**と聞くことから始めてみましょう。

そして、それが金額的に購入可能かどうか、家族に必要なものかどうかを話し合います。欲しいもの、あったらいいなというものをきっかけに、家族みんなに意見を聞いてみる形でコミュニケーションを深めていくのです。

また、家計のやりくりがきつい状態なら、子どもたちも交えて素直に「今月大ピンチ！」と打ち明け、議題にしてしまうのも手です。かしこまらず、話に巻き込んでいくことで自然と会議が成り立ちます。
その後は、「今月もお金の使い方の相談に乗って！」と家族全員を集め、家計の支出を公開しながら全員の意見を聞きます。もちろん子どもの声にも真摯に耳を傾けましょう。

小さいときからお金の話をすることに賛否両論があるのは、私も理解しています。しかし、心配と裏腹に、多くのメリットがあることも事実です。**子どもを大切な会議のメンバーととらえることで、その子にいい影響も出ますし、みんなで目標を共有することで、家族の絆も深まります。**

ちなみに、「子どもが外で世帯年収や貯蓄額を話しちゃうかも」という心配については、こんなふうに話して聞かせています。
「キミたちは横山家の社員だ。キミたち一人ひとりが社員だから実情を知っていてほしいし、だからこそ大事な話をよそで話さないでね」と。守秘義務とまでは言いませんが、「大事なルールだよ」と伝えると、子どもたちも守ってくれます。

PART 1

子どもに旅行や外出の予算を立ててもらう

子どもたちのお金の使い方、金銭感覚を飛躍的にアップさせる方法があります。

それは「子どもたちに、旅行や外出イベントの予算を組ませること」です。

ゴールデンウィークや夏休み、冬休みに、子どもたちを連れて旅行やスポーツ観戦、イベントなどに出かける家庭は多いと思います。

地方から東京ディズニーリゾートへ。都心から郊外のリゾートや温泉へ。こうしたテーマパークや温泉街では、私たちもついつい「こういうときぐらいいいだろう」とキャラクターグッズやお菓子、ジュースなどを買い与えてしまい、旅費以外にもお金がかかることがあります。体験と思い出はプライスレスかもしれませんが、家計にとっては交通費、宿泊費を含め、大きな出費です。

しかし、こうしたレジャーを**「親から与えるレジャー」ではなく、「子どもたちに任せるレジャー」にすると、子どもたちのお金の使い方、金銭感覚を飛躍的にアップさせるきっかけになります。**

「子どもたちに任せるレジャー」とは、子ども自身がレジャーの目的を定め、必要なお金の内訳を計算して予算を立て、実行するものです。

たとえば、家族4人分の夏のレジャー予算として20万円確保してあったとしましょう。そのうちの15万円を、「子どもたちに任せるレジャー予算」として任せてしまうのです。

ちなみに、残りの5万円は子どもたちの計画に漏れがあり、レジャー中に万が一の事態が起きたときのための予備費。使わずにすんだら貯蓄に回しましょう。

計画を立てるときは、どういう交通手段を使い、交通費はいくらかかるのか、施設の入場料はいくらか、食事はどうするかなど、かかりそうなお金を挙げていきます。

もちろん、初めての子どもたちは不慣れなことでしょうから、あなたから「こんなことにもお金がかかるよ」とアドバイスしつつ、たとえば次のような形でリストアップを進めていきましょう。

○行き先　大阪の「ユニバーサル・スタジオ・ジャパン」
○予算　15万円
○かかるお金　東京大阪の往復の交通費／1泊2日の宿泊費（夕食、朝食つき）／1日目の昼食代／2日目の昼食代／おやつや飲み物代／USJの料金／おみやげ代

お金を適切に使うことの喜びがわかる

このリストは、私が実際に家計のアドバイスをした方のお話をベースにつくったものです。そのご家庭では、このリストを土台に「家族マネー会議」ならぬ、「家族レジャー会議」が子どもたちを中心に何度か開催されました。

子どもたちは、リストに挙げた項目にかかる費用をネットなどで調査。すると、うまくやりくりしないと予算オーバーとなってしまうことが発覚しました。

そこで、会議では活発な意見が交わされたそうです。

「新幹線での往復では予算オーバーになってしまう」
「お父さんにクルマを運転して行ってもらえないか」
「でも、お父さんが運転で疲れちゃったら、着いてから遊んでもらえずつまらない」
「ホテル代を削って、居心地の悪いところに泊まったら次の日、楽しく遊べない」
「深夜バスっていうものがあって、すごく安いらしい」
「新幹線と宿をセットにすると安くできるプランがある」
「1日目のお昼は、おにぎりをつくっていけばいい」

そのご家庭では、子どもたちなりに考え、調べ抜き、リストを更新。深夜バスを利用することに決めて交通費を抑え、テーマパーク内でも無駄づかいしないよう昼食、休憩のプランが練られ、2日目には「お父さんとお母さんも好きなもの買っていいよ」と、1000円ずつのおこづかいも予算から捻出されたそうです。

結局、ご両親の財布にあった予備費の出番はなく、1泊2日の、「子どもたちに任せるレジャー」の旅は終了。子どもたちは、自分たちの立てた計画で旅行する喜びを知り、「うまく工夫すれば今までよりお金もかからなくてすむし、すごく楽しい！」と大喜び。さらに、予算のリストアップを通じて「15万円は大人が1カ月暮らせるくらいのお金なのに、テーマパークに2日行くだけでそれ以上使ってたんだね」と驚いていたそうです。

体験からものの値段が理解できる

レジャーにかけられる予算に制限があるなかで、どうすれば家族全員が楽しめるようになるのか。子どもたちにプランニングを任せると、こちらが驚くような発想が出てくることもあります。

また、親がすべて計画して連れて行っているときには気づかないものやサービスの値段を、しっかり認識するようになります。

飛行機、新幹線、特急列車、高速バス、深夜バス、レンタカーなど、移動にかかる交通費がレジャーにかかる予算で大きなウエイトを占めること。テーマパークなどでは、入場料だけでなく飲食費にも多くのお金がかかること。逆にキャンプ場でのBBQなど、何をテーマにするかでお金があまりかからずにすむこと。また、宿にはさまざまなクラスがあり、子どもの宿泊費についての設定が違うこと。

プランを立てる大変さとともに、何をするにもお金がかかることを知り、子どものお金への意識が変わってきます。**一度でも実際に自分の計画を実行すると、それが日常生活にも生きるようになり、無駄をなくそうと意識できる子どもになっていきます。**

小学校高学年のお子さんであれば、「子どもたちに任せるレジャー」の意義を理解してとり組めるはずなので、ぜひ、子どもたちに予算を託し、プランを立ててもらってみてはいかがでしょうか。旅行＋αの喜びを味わえるはずです。

PART 1

子どもの専用口座を開設しよう

横山家では、子どもたちに自分専用の銀行口座を持たせています。

通常、14歳以下の子どもが口座を持つには、親（親権者）が窓口に行き、口座開設の手続きをする必要があります。また、キャッシュカードや通帳は妻が管理しています。

子どもたちはお年玉や月々のおこづかいの残り、祖父母からもらった臨時収入、特別なお手伝いでもらったお駄賃などを入金。各々の目的に向けてお金を貯めています。

私が子どもたちに銀行口座を持たせ、お金を貯めることをすすめている理由は二つ。

一つ目は、お金をポジティブにとらえる感覚を育んでもらいたいからです。

昔は、お金のことを話題にするだけではしたないとたしなめられ、「お金よりも大事なものがある」と説教されるような家庭もありました。世の中にはお金よりも大事なものがあるのはたしかですが、それらとお金を比べるのはナンセンスです。

子どもたちには、「お金よりも」「お金なんて」という感覚を持ってほしくない。お金は人生においてとても大事なものですし、私はお金が大好きだと心から言えます。

子どもたちにも、お金に対してそういうポジティブな思いを持ってもらいたい。だからこそ、早いうちから銀行口座を持ち、自分のお金を蓄えていく経験を積み、お金の大切さを感じてほしいと願っています。

子どもに銀行口座を持たせる理由の二つ目は、お金が選択肢を広げてくれることを早くから感じてもらいたいからです。

毎月500円のおこづかいから100円ずつ貯めると10カ月で1000円。1000円あれば、欲しかったキャラクターグッズが買え、見に行きたかったJリーグの試合を観戦できます。あるいは、次は2000円まで貯めようとするかもしれません。

増えていく銀行口座の数字を眺めながら、お金が与えてくれるさまざまな可能性を思い描き、なおかつ自分がどう使うか決められるという感覚を楽しんでもらいたい。貯めたお金で遊ぶこともできるし、学ぶこともできるし、友だちと一緒にイベントを楽しむこともできるし、欲しいものを買うこともできる。

「自分で選択することができるんだ！」と実感できるのです。

考えてみれば、私はファイナンシャルプランナーとしてお客様の家計の相談に乗って報酬をいただいています。お客様は他の誰かを助け、社会に役立つ仕事をして、相談料を払ってくださいます。

誰もが誰かに自分にはできない仕事をしてもらい、その対価としてお金を使うことで社会は成り立っています。つまり、「お金が貯まること＝選択肢が増えること」だと言えるのです。

残高や使い方はゆる～くチェック

小学生の子どもたちの銀行口座はネット銀行なので紙の通帳はなく、お年玉の貯金分を入金したときなどは、残高を記載したレシートを子どもたちに渡しています。おこづかい帳をつけている子は、それをノートに貼ったり挟んだりしているようです。

中学生になってからはログインＩＤとパスワードを伝え、自分でも入金、出金ができるようにしていますが、ときどきは私たちも残高を確認し、極端な使い方をしていないかどうかをチェックしています。

急に残高が減ったときは、一応、「どうしたの？」と声をかけて使い道を聞きますが、基本的に子どもたちが貯めたお金なので、「それは無駄づかいだな」と思っても叱りません。子どもなりに失敗したと思っているかもしれませんし、やむを得ない事情があるのかもしれませんから。

その代わり、「買ってみてどうだった？」「行ってみてどうだった？」と、ここでも振り返りができるような問いかけを行います。

逆にコツコツ貯めている子に対しては、「お、貯まってるね。どうやりくりしてるの？」と聞いてみて、本人なりの貯め方のコツを語ってもらいます。

繰り返しになりますが、大事なのはお金に関するコミュニケーションの機会を増やすこと。お金を貯めた結果、どんな感覚になったか。貯めたお金を使ってみて、どう感じたか。そんなことを話せれば十分です。

PART 1

カードの練習には「デビットカード」が最適

わが家では、子どもが高校生になったらデビットカードを持たせるようにしています。

一般的に、「カード払い」というとクレジットカードを思い浮かべる人が多いはずです。店頭ではもちろん、ネットショッピングでもカード番号など必要事項を入力するだけで買い物ができるので便利です。

また、クレジットカードで支払いをすると割引を得られたり、ポイントがついたりしておトクなイメージもあります。しかし、お金の使い方、金銭感覚のトレーニングをきちんと積まないまま社会人になって急にクレジットカードを持つと、失敗を起こしがちです。

たとえば、クレジットカードは手持ちのお金や口座残高に関係なく、限度額の範囲で利用できるため、自分の計画以上に使ってしまいがちです。そのため、あとから思いがけない額の請求が来て支払いに困り、キャッシングで借金を重ねる……。そんな負のサイクルに入ってしまうケースが少なくありません。子どものうちに小さな失敗をしておかないと、やがてこうした大きな失敗をしてしまう可能性があります。

実際、家計の相談を受けていると、お金が貯められない人、浪費が多くなっている人の多くがクレジットカードを気軽に使っています。

その点、デビットカードは支払いをすると銀行口座から即時に支払いが完了する「即時払い方式」のカード。日本では、キャッシュカードがそのまま支払いカードになる「J-Debit」と、VISAデビットやJCBデビットなど、国際ブランドがついた「ブランドデビット」の2タイプがあります。

ちなみに、ブランドデビットカードはVISAやJCBなど世界中の加盟店で利用できるので、「J-Debit よりも利用できる店舗数が多いのが特徴です。クレジットカードと同様にインターネットショッピングの決済にも利用できますが、銀行口座からの即時引き落としなので、残高が足りなければ当然買い物ができません。

また、事前に利用限度額を設定することも可能で、支払いは一括払いのみ。クレジットカードのように分割払い、リボルビング払いはできません。買い物の金額の他に金利手数料という余分な支出もせずにすみます。

つまり、**カードとは言いつつも現金に近い感覚で使うことができる**のです。

クレジットカードはもはや現代社会に必須のアイテム。カード払いのやりくりに慣れさせるために、デビットカードを使うことも検討してみてください。

カード払いの怖さを疑似体験

子どもたちの反応を見ていると、やはり最初はおっかなびっくりで少額から試しています。交通系電子マネーなどの事前にチャージして払うプリペイドカードとは違い、直接口座からお金が引き落とされる感覚に馴染むのに時間がかかるようです。

また、ニュースや友だち同士の話から、子どもたちはカードに対して「使いすぎて借金が増えちゃった人がいっぱいいるんでしょ？」というイメージがある様子。ただそれも、何度か使って自分の口座にある残高を確認するうちに慣れてきます。

やがて、現金を必要以上に持ち歩かなくていい利便性や引き出し手数料を気にしなくていいメリットに気づき、カードの便利な面に気がつくようになってきます。

私はこのような準備もなく、社会人になって初めてクレジットカードを手にしたので、「魔法のカードだ！」と大喜びしてどんどん使っていました（笑）。

欲しいものがすぐに買えるし、ＡＴＭに差し込むと貯金がないのに何十万円も引き出すことができる。キャッシングという名の純然たる借金なのですが、若い私はそのお金を持ってパチンコ、パチスロに行くという失敗を繰り返していました。

子どもたちには、そのようなしなくてもいい失敗をしてほしくないので、デビットカードを持たせるようにしているわけです。

クレジットカードにはリスクもありますが、だからといってそれを避けていると、できることの選択肢が少なくなってしまいます。準備を早めに始めておいて損はありません。

PART 2

子どもに「お金の増やし方」を教える

PART 2

「お金が増える」を子どもにイメージさせる

あらためて質問です。

あなたはお金が好きですか？

私は、はっきり「お金が大好き」と言い切れます。

でも「お金が大好き」と聞くと、欲深そうだという印象を持たれるかもしれません。日本では、親子でお金の使い方を話すことにも、どこか遠慮がちという家庭が多いようです。ましてや、ここでのテーマである「投資」となると、「子どもに投資の話をするのは早すぎるのでは……」「楽に稼げると勘違いして悪影響を与えるのでは……」と不安に感じられてしまうかもしれません。

しかし、お金は私たちが生きるため、学ぶため、いろいろなことを実現していくために必要なものです。そのお金を好きでいるのは、誰に迷惑をかけるわけでもなく、むしろいい効果しかもたらさないのではないかと思っています。

ですから、PART1で紹介したように、私は子どもたちとお金の話をたくさんしています。その効果もあって、6人の子どもたちはそれぞれにお金のことを好きになり、理解して育っていると感じています。

お金のことが好きで、お金についてたくさん話をすると、子どもたちがこれからの人生で借金をつくってしまったり、クレジットカードを使いすぎてしまったりするという、お金の「しなくていい苦労」をする可能性を大きく減らしてくれます。

投資とはお金に働いてもらうこと

そのうえで、一歩進んでお金を増やす方法の一つである「投資」についても早くから学ばせていくべきです。実は、私たちがお金を増やすためにできることは、大きく分けて次の三つしかありません。

1　毎月の収入を増やすこと
2　毎月の支出額を減らすこと
3　運用などで手持ちのお金を増やすこと

お金は勝手に生まれるわけでも、増えてくれるわけでもありませんから、まずは「収入を得る」ことがすべての始まりになります。働いて、その対価として収入を得る。何を当たり前のことを……と思われるかもしれませんが、どのような働き方であれ、働かなければ得られないのがお金というものです。

次にできるのは「支出を抑える」こと。お金の使い方を見直し、必要ではない支出を減らしていきます。ここではすでに紹介した「消費」「浪費」「投資」の支出管理が役立ちます。うまく節約できれば、働いて得た収入が多く手元に残るようになるわけです。

お金を増やす方法の三つ目が、このPARTのテーマである「投資」です。

投資とは、利益を得る目的で金融商品や事業などに資金を投下すること。**投資をお子さんたちに説明するなら、「お金に働いてもらって、増えてもらうこと」と説明してもいいでしょう。**広い意味では銀行口座に貯金しておくことも運用の一種ですが、金利が非常に低い昨今では、預金していてもお金はほとんど増えません。

そこで、よりよいリターン（利回り）が期待できる投資先を選び、お金に働いてもらい、少しずつ増えていくようにしましょう――というのが、このPART2の基本的なスタンスになります。

投資は早く始めるほど有利

運用は、少額からでも「始めてみる」ことが大切です。

これまで投資をしたことのない人ほど尻込みしがちですが、日本ではここ数年「iDeCo（個人型確定拠出年金）」や「つみたてNISA」など、長期分散投資ができて税制面でも優遇される制度が登場しています（詳しくは後述）。

もちろん、投資には違いないのでまったくリスクがないとは言えませんが、**長期的に見れば預貯金よりはるかに大きな利回りが期待できます。**

たとえば、ｉＤｅＣｏを利用すると元本確保型の商品で積み立てをしながら、所得控除を受けて税金を安くすることができます。投資にどうしても抵抗があるという人は、検討する価値があります。

これからの人生１００年時代、現役時代が終了したあとの30～40年を年金などの国の保障だけでしのぐことは難しく、かといって自分の資産だけでなんとかなる人もほとんどいません。それはお子さんたちの世代にも言えることです。

私たちが確実にできるのは、気がついたときから可能な範囲で「お金に働いてもらう」というとり組みを始めること。老後２０００万円問題が大きな話題になったのは、それだけの額を急につくることはできないからです。

しかし、**コツコツと時間をかけてとり組めば、お金は増えていってくれます。**前述したように、子ども世代は「時間」という武器を豊富に持っているので、若いうちから投資を始めることの効果は絶大です。

「分散」「積立」「長期」がキーワード

また、お金に働いてもらうと、投資についてきちんと意識することになるため、資産が増える以上の好影響を家計にもたらします。

毎月、少しずつ投資にお金を回すにはお金の使い方を見直す必要があります。節約に興味を持ち、いろいろな節約法を学び、試すことが、投資の原資となるお金をつくる行動につながるわけです。そうやって苦労してつくった大切なお金を投資するので、投資先への関心も自然と高まります。しかも、そこでじわじわと成果が出てくると、ますます家計全般が気になるようになってきます。

つまり、**投資を始めることが日ごろのお金の使い方を見直すターニングポイントとなり、家計の無駄を省き、働いてもらうためのお金を捻出するサイクルが生まれるのです。**

ただし、このサイクルは正しい投資を始めた場合にしか起こりません。正しくない投資をしてしまうと、家計のバランスを崩すおかしな循環が始まってしまいます。

では、これからお子さんたちと投資について話していくことを前提に考えたとき、正しい投資とはどのようなものでしょうか。

完璧な正解はありませんが、私が家計相談を通じて見てきた正しいお金の働き先は、リスクが低く、複数の商品を運用できる投資信託を積み立てていくような投資です。投資をこれから始めようと考えている初心者の方には、最適なやり方になります。

キーワードは**「分散」「積立」「長期」**です。

PART 2

いくら貯金があったら投資を始めるべきか

これから、お子さんが将来のためにゆっくり資産を増やす投資について、しっかりお伝えしていきますが、まず一般のご家庭で行う場合を考えてみましょう。

「100万円貯まったので、投資を始めていいですか？」

「銀行口座にお金を寝かせておくのは貯金箱に入れておくようなもの。1円でも多く投資に回したいです」

「どのタイミングで投資をスタートさせたらいいのかよくわかりません」

投資初心者の方にゆっくり資産を増やす投資をおすすめすると、決まってこのような「投資を始めるタイミング」に関する質問が出てきます。そんなとき、私はいつも「三つの袋」の話とともに、確保しておきたい「預貯金額」についてお伝えしています。

「三つの袋」とは、用途に合わせて使い分ける銀行口座のことです。

一つ目は**「使う袋」**。

毎月のやりくりや、急なご祝儀などの突発的な支出にも堪えうるお金を入れる袋で、平たく言えば「生活費用の口座」です。ここに手取り月収の1・5カ月分を用意しましょう。半月分のバッファを持たせておくことが、心の余裕を生み出します。

二つ目は**「貯める袋」**。

これはお金を貯めるための袋です。目標金額の目安は、最低でも手取り月収の6カ月分。そのくらいあれば、万が一失職した、病気で働けないといった事態にも対応できます。いわゆる「生活防衛資金用の口座」です。

将来のマイカー購入の資金や子どもの教育費など、目的に向けた貯金が必要なときは、別の袋に分けておきましょう。

そして三つ目が、**「増やす袋」**。

これは、投資にあてても生活に影響をおよぼさない「余剰資金用の口座」です。働いてもらうためのお金は、この三つ目の袋から支出するのが理想的。もし株価が下がる、投資信託の評価額が下がるなどして一時的に損失を抱えたとしても、余剰資金の範囲内であれば焦らず、じっくり長期投資を続けることができます。

つまり、投資を始めるタイミング、貯金から投資に切り替えるタイミングとして適しているのは、**「使う袋」＋「貯める袋」に7・5カ月分の貯金ができてから**です。

月収が20万円だとしたら150万円。
月収が25万円だとしたら187万5000円。
月収が30万円だとしたら225万円。

このほか、数年のうちに使う必要資金の準備ができてから投資を始めるのが順当です。

投資のしすぎにも要注意

早く投資を始めることがお金を貯める最良の策だと思い込んでしまうと、運用にも失敗しやすくなります。というのも、投資で成果を出している人は、しっかりと「今ここ」の家計を見ているからです。

この場合の「今ここ」とは、「現状の家計」のこと。家計の相談に乗っていると、運用に積極的で、投資の知識も豊富なのにうまくいかない人たちに会うことがあります。彼らに共通しているのは、将来を見すぎていることです。

もちろん、将来を考え、先々を見すえて投資を始めるのは間違っていません。むしろ、よいことだと思います。しかし、**「今ここの家計」をおろそかにしてしまうと、運用に無理が生じてしまう**のです。

たとえば、ある相談者の方は「節税効果がすごいらしい」「リスクが少なく自力で老後資金が増やせる」と知り、iDeCo（個人型確定拠出年金）を始めました。

前述したとおり、節税効果があり、ローリスクで着実に老後資金をつくることができるiDeCoは非常にいい制度です。投資信託などの元本変動型商品と、定期預金・保険などの元本確保型商品を組み合わせて積み立てることができます。

ただし、iDeCoは一度始めたら原則として60歳まで継続的に積み立て続けなくてはいけません。7・5カ月分の余力もなく毎月数万円の積み立てを始めてしまうと、家計の状況は急に厳しくなります。

実際、この相談者の方はご夫婦で毎月4万6000円の積み立て開始。結果的に家計の支出が収入を上回る状態となり、「使う袋」と「貯める袋」からお金がなくなり、ボーナスでなんとか家計が成り立つという状況に追い込まれました。

まさに「今ここの家計」を顧みず、「節税効果がすごいらしい」「リスクが少なく自力で老後資金が増やせる」と投資に踏み切ってしまった結果です。いくら税制優遇が効いていても、安くなった分の税金額を蓄えておけなければ、この制度のメリットを享受できたとは言い切れません。

このようなことにならぬよう、家計をしっかり把握すること。投資に回しても問題がない余剰金をつくってから始めること。投資について学ぶこと。

これが投資を始める大前提です。

値動きの少ない投資信託がおすすめ

これは子どもたちにおこづかいで投資を経験してもらうときにも当てはまります。家計の場合のように余剰資金を用意する必要はありませんが、貯めるのはおこづかいの一部という習慣をつけ、貯金をつくってから投資を経験する流れを大切にしましょう。**自分で用意した資金を運用するという経験が、子どもたちの金銭感覚を育ててくれる**からです。

とはいえ、「おこづかい程度のお金で投資できるの？」と思われるかもしれませんが、その点は安心してください、ネット証券を中心に、投資信託なら100円から買える商品がいくつもあります。

親子で口座をつくり、「習うよりも慣れろ」のスタンスで投資を始めてみましょう。仮に日本株、外国株、新興国株など、いろいろな投資対象の投資信託を10本買ったとしても月

1000円です。

もし買った投資信託が値下がりしても、マイナスは最大で1000円。いきなり大きなお金を投資すると値段の上がり下がりに一喜一憂し、あわてたり焦ったりして、たいてい判断を誤るものです。投資信託の価格の上下動は株式ほどは大きくないですから、少額投資であれば冷静に考えることができます。親子で運用について振り返れば知識が増え、少しずつ投資商品の値動きにも慣れていくはずです。

子どもたちにも、いい意味でお金が好きな子に育ってもらいましょう。

・100円から投資信託を始められる証券会社

SBI証券／楽天証券／松井証券／マネックス証券／カブドットコム証券

PART 2

期間が長くなるほど複利の力が効いてくる

実際に投資を始める前に、確認しておきたいポイントがあります。それは「単利」と「複利」について。あなたは、この二つの言葉の違いをお子さんにきちんと説明できますか？

シンプルに分けるとこうなります。

・単利――「元金＋利息」
・複利――「元金＋利息全体に利息がかかる」

１００万円を年利３％で10年間運用した場合で考えてみましょう。

単利では、毎年3万円の利子がつきます。

つまり、100万円+3万円×10年で、10年後の受取額は130万円となります。

一方、複利で運用した場合はどうなるでしょうか。

1年後は103万円になるところまでは単利と変わりません。

ただし、2年目は103万円に3%の利息がつきます。それが翌年以降も続いて、10年後の受取額は約134万3000円。単利と比べて4万円以上も多くの運用益が得られるわけです。

複利では元本が毎年増えていくので、得られる利子も年々増えていきます。

当然、単利と複利で得られる利子の差は、運用している期間が長ければ長いほど大きくなります。たとえば100万円を年利3%で30年運用した場合、次のようになります。

- **単利――190万円**
- **複利――243万円**

最初はそれほど大きな差ではなくても、最終的には大きな差がついてきます。この単利と複利の違いをきちんと意識しているかしていないかで、金融商品の選び方は変わってきます。

お金に働いてもらうなら、圧倒的に複利が有利です。

金融機関や証券会社によっては「毎月、少しずつ配当がもらえますよ」と、毎月分配型の商品をすすめてくるケースがあります。

毎月分配型の投資信託は、おトクに見えて本当は損ということもあります。というのも、分配金には税金がかかります。本来は年に一度の分配金が毎月入ってくるとなると、税金面でのコストは増大し、投資効率が悪くなります。

また、投資環境が良好で収益を上げられているときならいいですが、相場が不調で投資信託が収益を十分に出せていないと、分配金を毎月出すのが重荷になります。

すると、運用の収益から分配金を出すのではなく、元本を削って分配金を捻出することになります。元本をとり崩してしまうようでは、積立投資の意味がありません。

複利は雪だるま式!?

複利について子どもたちに説明するときは、「雪だるま」のつくり方をイメージしながら話すと伝わりやすいでしょう。

小さく固めた雪玉を雪の上でゴロリと転がすと、1回転した分大きくなります。そのまま2回転、3回転と転がすと、小さかった雪玉が徐々に大きくなり、雪だるまの下の段になっていく。

ゴロリと転がしたとき、まわりにどんどんつく雪が利息です。そして、雪がついた雪玉をさらに転がして大きくしていくというのが、複利による運用のイメージになります。

逆に単利は、雪をまわりから集めてくるイメージです。がんばれば大きな雪だるまをつくることはできますが、その作業以上に雪だるまが大きくなることはありません。

複利のいいところは、**運用年数が長くなればなるほど利息も増える**こと。

これは雪玉でも同じです。最初はソフトボール大だった雪玉も、10回転させるころにはサッカーボール以上の大きさになっているはず。しかも、サイズが大きくなればなるほど、ゴロリと回る間につく雪の量は増えていくのです。

ちなみに、複利によってお金が増える醍醐味が実感できるのは運用を始めて10年目くらいから。時間をかければかけるほど雪だるまは大きくなっていきますが、ある時点で「え？こんなに大きくなったの？」と驚くタイミングがやってきます。

PART 2

投資にとって時間は神様

時間は神様です。

私自身、投資信託による長期分散の積立投資を18年間続けていますが、雪だるまは順調に大きくなっています。そんなふうに複利の効果を具体的な数字として目にしながら運用を続けると、つくづく「時間は神様」だと感じます。

もし本書のタイトルどおり、10歳のお子さんが月々５００円の長期分散の積立投資を始めたら……と想像すると、ワクワクしてきます。

中学生まではおこづかいとお年玉の範囲内での投資になるでしょう。でも、その5年間で増えることを実感し、アルバイトを始めたら少しずつ投資額を増やすはずです。その後就職し、月々の積立額が１万円、２万円と増えていったら、30歳になるころには数百万円の貯蓄ができていてもおかしくありません。

実際、私の子どもたちは中高生のころから投資信託を使った長期分散の積立投資を行っています。

毎月の積立額が少ないため華々しい数字にはなっていませんが、彼女たちには時間と複利という神様がついています。10歳から投資を始めたとして、60歳をゴールにすると50年続けることができます。

仮に、月1万円を年利3％で50年運用したとしましょう。元本600万に対して運用益が約775万円。もちろん、その間には大学に入学する、クルマや家を買う、結婚する、子育てが始まるなど、お金が必要な時期が出てくることでしょう。

それでも長期分散の積立投資の部分だけは変えずに続け、育てていきなさいとアドバイスしています。ゴールの時点で大きな木の実を収穫するまで、大切に育んでいくことでまとまった資産を手にすることができるからです。

将来の自分に向かってお金を送る。そんなイメージを持ちつつ、時間と複利の神様を味方につけていきましょう。

お金が働く時間が増えるほど、時間と複利の力でお金が増えていきます。

投資に慣れてきたら、金融危機などで相場全体が下がったときに投資信託を買い増すようなテクニックも使えるようになります。すると、リスクはさほど高くならないまま、年利5％での運用も可能です。

月1万円を年利5％で50年運用すると2000万円以上の運用益が出て、総額で2660万円を超える額になります。

長期投資にとって時間はお金と同じ価値があるのです。

これだけある積立投資のメリット

投資初心者の方が初めて運用を開始するとき、「今は投資に適しているの」と心配される方がいます。

たとえば、リーマンショックのような暴落をした直後に運用を開始するのは勇気がいるでしょうし、日経平均株価が2万円台を回復して以降は、「そのうち下がるのでは」という不安がつきまといます。しかし、私の持論は**「いつ投資を始めても問題ない」**です。

運用を開始するタイミングに慎重になる必要があるのは、一度に大金を投資しようとする人だけです。数百万円分の投資信託を一気に購入するような場合は、高値でつかんで長期間にわたって含み損を抱えてしまう危険があります。

でも、「分散」「積立」「長期」の投資なら、そのリスクを大幅に軽減できます。

積み立てだと少しずつ投資額を増やせるため、時間の分散にもなります。価格が高いときは購入数量が少なくなり、安いときには多く購入できるというように、変動する相場に対応できます（これについては142ページで詳しく説明します）。

つまり、**値動きにかかわらず毎月決まった額を購入し続けることで、結果的に平均購入単価を抑えることになります。**実際、投資信託を20年保有し続けて損失を出す人はほぼおらず、多くは2~6%の利益を出しているというデータがあるのは、「はじめに」でお伝えした通りです。

また、投資信託も日本株中心、外国株中心、債券中心などと商品を分散することで、一方が下がってももう一方が上がるという調整ができ、損失を極力抑えることが可能です。

「分散」「積立」「長期」という投資の大原則を守りつつ、時間と複利を味方につけること。

多くの時間という資産を持っている子どもたちにこそ、早めにお金を働かせることの意味を伝えていきましょう。

PART 2

リスクを「危険性」と教えてはいけない

投資にはリスクがあるということは、すでにご存じだと思います。

ではここで、一つ質問があります。

あなたは「リスク」という言葉をどう訳し、子どもに伝えますか？

「危険性」と教える人が大半だと思いますが、**投資の世界において、リスクは「不確実性」という意味で使われます。**

つまり、ハイリスクとは「危険性が高い」ではなく、「不確実性が高い」という意味になり、「儲かる可能性も高いが、損する可能性も高い」となるわけです。

投資の対象となる金融商品は次の二つに大別されます。

・ハイリスク／ハイリターン

不確実性が高いが、利益が大きく生じる可能性がある。金融商品で言うと株式やＦＸ（外国為替証拠金取引）、不動産投資など。

・ローリスク／ローリターン

不確実性が低いが得られる利益は少ない。積み立ての投資信託や国債など。

私自身、投資をスタートして18年になりますが、幸い現時点で大損はしていません。現時点で、投資したお金は利回り７％くらいで増えています。

仕事上の研究のため、また自分の好奇心を満たすため、さまざまな投資をやってみました。株、債券、投資信託を手始めに、金やプラチナ投資、ＦＸ、外貨預金、不動産投資といったハイリスク・ハイリターンの投資も経験しました。また、あやしげな投機的商品に手を出したことがあります。

いずれも大きな投資額ではありませんが、１日でサラリーマンのお給料くらい儲けてしまったこともあれば、同じくらいの失敗もしています。思い切って買った株が３分の１に

リスクとリターンの関係

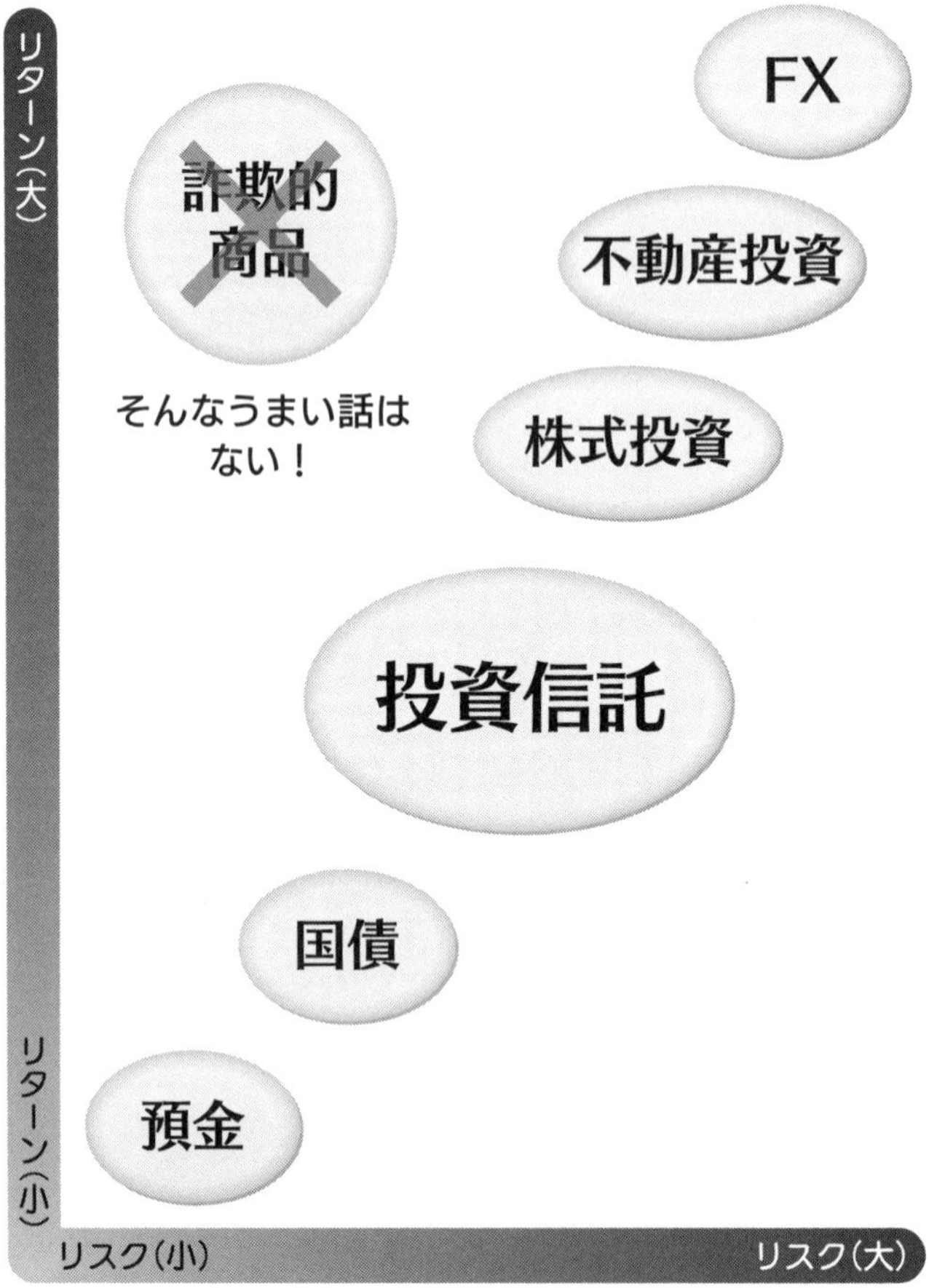

値下がりしたり、元本割れのまま撤退したり、投資したお金の半分が翌日には消えてしまったり……。

そうなると、失ったお金のことばかりに気がいってしまい、しばらく仕事が手につかないという状況になります。また、儲けたときも「あぶく銭」とはよく言ったもので、**思い入れのないお金はすぐにどこかへ消えてしまいます。**

こうした経験をしたからこそ言える、私なりの投資リスクについての解釈があります。それは、しっかりした軸がないまま投資をしていると、お金の働きぶりが見えなくなってしまうということ。どのくらいの利回りで運用できているのかがわからなくなるのです。また、投資した金額や戻ってきた金額すら曖昧になってきます。

早く始めるほど資産は大きく育つ

一方、短期間で高いリターンを狙わず、少しずつ育てていくイメージを持てば、着実にお金を増やすことが可能だということも身をもって実感しています。

本書を手にとっているあなたは、これから投資を始める子どもに、将来のための大きな木を育んでいってほしいと願っているはず。そんな方に投資信託を使った長期分散の積立投資をおすすめするのは、ローリスク・ローリターンであり、お金の働きぶりが見えやすいからです。

子どもたちが成人するころには、社会保障の仕組みも含め、日本はますますシビアな状況になっていくことが考えられます。

だからこそ、コツコツ育ててきたことが見えやすい投資信託による長期分散の積立投資で、時間を味方につける感覚を実感してもらいたい。

「10歳のときに始めた投資が、今はこんなに育っているんだよ」と、実際の数字を見せながら語ることができたら、投資のメリットが自然と伝わっていくはずです。

毎月2.3万円投資すると将来いくらになるか？

※想定利回り年率5%、複利で40年間積み立てた場合

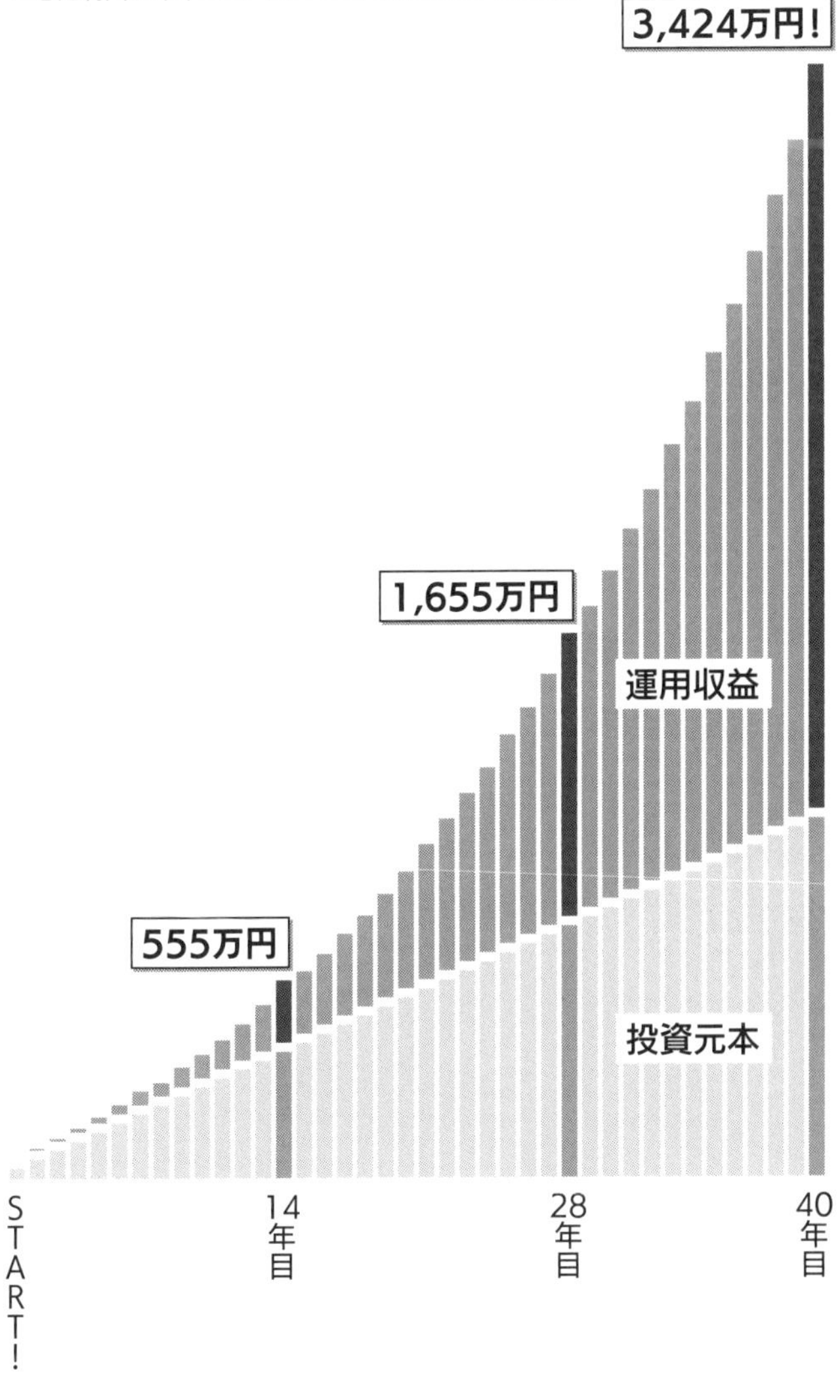

PART 2

「やらないリスク」についても教えてあげよう

リスク（不確実性）が低い長期分散の積立投資でも、時期によっては損をすることがあります。家計の相談を受ける際にそう伝えると、「損する可能性があるなら、私は投資せず貯金だけにしておきます」と言われる方もいます。

もちろん、それも一つの考え方です。

ただ、貯金だけにしていることにもリスクはあります。

というのも、今は史上初と言っていいほどの超低金利時代。少し専門的な話になりますが、日銀による「マイナス金利つき量的・質的金融緩和」政策が導入されたのは2016年1月のこと。以来、金融機関が日銀に預けるお金の一部の金利がマイナスになったため、私たちの預貯金の金利もほぼゼロと言えるほど低い状態になっています。

今の40代、50代の人には記憶があると思いますが、1990年代までの日本は高金利で、郵便局や銀行の口座に預けているだけでお金が増えたものでした。10万円の貯金が、1年後には10万5000円になっているなんてことが当たり前だったのです。

ところが、今は子どもたちが10万円貯金していても、得られる利子は微々たるもの。貯金しているだけでは、お金は働いてくれません。

それでも銀行に預けている預貯金は元本割れしないので、投資よりは安全であるように見えるでしょう。ただし長期的に見ると、額面は減っていなくても実質的に預貯金が目減りしているという可能性があるのです。

日本ではものの価格が下がり、賃金も下がるデフレ傾向が長く続いています。そんなデフレからの脱却を促すためのマイナス金利政策ですが、今のところその効果は限定的。超低金利時代はしばらく続きそうです。

とはいえ、**長期的に見ればいつかはデフレが終わり、インフレが始まります。するとも**

のの価格が上がり、相対的に預貯金や手持ちの現金の価値が下がってしまうのです。

簡単に言うと、今まで1万円で買えていたものが1万2000円になれば、手持ちの1万円の価値は2000円分目減りしたことになります。

ここまで極端ではないものの、物価上昇率2%のインフレが1年間続くと、100万円の預貯金の価値は実質98万円に下がります。貯めている金額は減らなくても、お金自体の価値が下がってしまうのです。

これをインフレリスクと言います。

投資をする前に知っておきたい4つの心得

また、円安が急激に進んだ場合も、外国の製品を買うために、多くの日本円を使わなければなりません。

たとえば、今まで1000円で買えていたフランス産のワインが、円安によって1150円出さなければ買えなくなると、相対的に手元の現金や日本円での預貯金の価値が下がってしまいます。

マイナス金利政策で超低金利時代が続くなか、私たちは銀行にお金を預けていてもいっこうに増えず、インフレや円安が急激に進む可能性がある社会にいます。そんななか、**ただお金を銀行に預けているということは、一つのリスクだと言えるでしょう。**

特に、子どもたちの持っている時間という武器を無駄にしてしまうことになります。

同じリスクがあるのであれば、できるだけ最小限のリスクに抑えつつ、預貯金よりも大きな利回りで運用することを考えた方が得策です。

たとえば、利回り3%で長期分散の積立投資を行っていれば、複利と時間がインフレや円安のリスクへの備えになります。

マイナス金利の状況下では、預貯金で資産を保有するより投資信託を積み立てていく方が効率的。大人にとっては家計防衛の手立ての一つとして、子どもたちにとっては将来のリスクを回避し、資産を増やすための手段として「投資」を行うことをおすすめします。

ただし、ここまでも述べてきたように、投資をするにはいくつかの準備をしておくことが必要です。

- お金の使い方の軸を持っていること
- 家計の毎月の収支が黒字であること
- 万が一のときに生活を守るための生活防衛資金が準備できていること
- 短期で儲けを狙う投機的な投資は行わないこと

逆に言うと、これらの準備が整っているのに投資をせずにいるのは、「やらないリスク」を背負い込むことになります。長引くこの低金利時代に合わせて、無理なく賢く、資産形成を進めていきましょう。

PART 2

どんな商品に投資すればいいか

私のすすめる投資は、大切なお金を少しずつでも安全に増やすための方法です。

「株を安く買って高いときに売り、短期的に大きく儲ける」「ＦＸで50万円が３００万円になった！　一攫千金だ！」といった投資とは違います。

時間をかけながら、小さな苗木をゆっくり大きく育てていくイメージです。

ですから、ある程度の投資経験のある方には物足りないかもしれません。

しかし、初めて投資にチャレンジするお子さんや親御さん、できれば損をしたくない人、長い時間をかけて将来のためにお金を増やしたい人には最適な方法です。ここでは、長期分散の積立投資を念頭に置きながら、具体的にどんな商品に投資をすればいいのかについて解説していきます。

130ページでも紹介したように、世の中には多くの金融商品があります。

リスクの高いものの代表例がFX（外国為替証拠金取引）やCFD取引（差金決済取引）です。その他、株式投資、金投資、不動産投資などもリスクの高い投資だと言えるでしょう。

逆にリスクの低いものと言えば、預貯金や個人向け国債、円建てMMF、積立投資信託、ETF（上場投資信託）などが当てはまります。

このなかで、小さな苗木を大きく育てる長期分散の積立投資に向いているのが、積立投資信託です。前述したように、ポイントは「分散」「積立」「長期」の三つ。

一つ目の「分散」については、「すべてのタマゴを一つのかごに入れるな」というアメリカの有名なことわざがあります。集めたタマゴを一つのかごで運ぶと、落としたときにすべてダメになってしまうことから、投資の世界では「一つにすべてを賭けるな」という意味で使われます。つまり、分散投資をしなさいということです。

もし、余裕資金をすべて一つの会社の株式に投資した場合、その会社が仮に不祥事などで経営危機に陥るようなことがあると、株価も暴落してしまいます。それで会社が倒産して、株式が紙切れ同然の無価値なものになるという最悪の展開も考えられます。

その点、投資信託であれば簡単に「日本株」「外国株」「日本債券」「外国債券」などに分散して投資することができます。

株式と債券の値動きは、基本的にはシーソーのような関係で、金利が上昇すると債券は値下がりし、株価は上昇。金利が下がると債券が値上がりし、株価が下がります。つまり、**両方を持つことでリスクを分散することができるのです。**

成長するのは日本でなくてもいい

二つ目のポイントは「積立」です。

積立投資のメリットは低額でもスタートできること。いきなり何十万円も投資に回す資金がなくても、ネット証券がとり扱っている積立投信なら投資信託を月々100円から始められます。お子さんのおこづかいでも無理なくスタートを切れるわけです。

そして、積み立てでの購入は商品の値動きにも柔軟に対応できる買い方です。

仮に、毎月1万円分、なんらかの投資信託を買うとしましょう。最初は1万円で1万口分買えたものの、徐々に値上がりし、ある月は1万口当たり1万5000円に。すると、1万円で買える口数は6666口になります。

逆に値下がりし、1万口が5000円になった月には2万口買うことができます。**値上がりしたときは少なく、値下がりしたときはたくさん買えることが定額積立購入のメリットの一つで、結果的に買付単価が平均化します。**長期にわたって、安定した投資をすることが可能です。こうした買い方は「ドルコスト平均法」と呼ばれています。

また積み立てには、前述した時間の「分散」効果が含まれていることも大きなメリットです。

三つ目のポイントは「長期」です。

短期で投資を行い、結果を求めるとどうしても勝つか負けるかのギャンブル的な考え方になり、ハイリスク・ハイリターンの商品に手を出すことになります。また、投資で勝つには安いときに買って高いときに売ることが必要ですが、こうしたタイミングを見計らって投資することはプロでも難しく、「9割の敗者と1割の勝者」に分かれます。

また、数カ月の値動きに翻弄されて、少し儲けが出たからと利益を確定させたり、少し損したからと手放したりしていると、苗木が大きく育つことはありません。

投資の世界では、大前提として「市場は成長していくものだ」と考えます。過去の歴史を振り返ると、たしかに何度か大恐慌や大暴落に見舞われていますが、やがて世界経済は勢いをとり戻し、市場も成長していきます。投資信託による長期の分散積立投資を利用すると、世界の経済の成長に乗りながら苗木を大きく育てていくことができるのです。

そして、この世界経済の成長を支えているのが人口の増加です。

基本的に、人口が増えることによってその国のGDP（国内総生産）は伸びていき、市場も成長することは過去の歴史が証明しています。

日本では少子高齢化が進んでいますが、世界中のほとんどの国では人口が増えています。現在、全世界の人口は約77億人とされていますが、2050年には100億人近くに達すると見られています。

ですから、ブラジル、中国、南アフリカ、インドなどの新興国株を盛り込んだ投資信託を選べば、人口増による成長を味方につけることができるわけです。さらに、長期で投資をするにつれて「複利」の効果が出やすくなることもメリットの一つです。

増やし方はプロに任せる

そもそも投資信託を簡単に説明すると、「投資家から集めた資金（ファンド）を、プロが株や債券などで運用し、成果に応じて収益を投資家に分配する金融商品」です。

ここで言うプロとは、投資信託の運用を専門に行うファンドマネージャー。彼らは金融商品やマーケットに精通しており、どうすれば収益を出せるか、リスクを抑えられるかを熟知しています。**プロに任せることで、初心者でも安心して長期投資ができるわけです。**

なかでも私がおすすめしているのが、インデックスファンド。プロが投資先を選ぶので

はなく、市場の動きに合わせて機械的に投資するのでコストが抑えられます。それを積み立てていくのです。

これは投資信託の一つで、市場全体の指標（インデックス）に連動する値動きを目指す商品です。日本株のインデックスファンドであれば、日経平均株価（日本を代表する２２５銘柄の値動きの平均）やＴＯＰＩＸ（東証一部に上場している全銘柄の値動きの指数）に連動することを目指すように設計されています。

インデックスファンドのいい点は、分散投資ができること、シンプルでわかりやすいこと、低コストであることなどが挙げられます。

このインデックスファンドがよくわからないという人は、ファンドマネージャーが日本株、外国株、日本債券、外国債券をバランスよくパッケージした「バランス型」

というインデックスファンドを選べば、スムーズに分散投資を実現できます。

ですから、私は「初心者におすすめの投資先を一つ教えて」と聞かれたときは、「積立タイプのバランス型インデックスファンドで、販売手数料のかからないノーロード（無料）の商品」と答えています。

ちなみに、**お子さんから「投資信託って何？」と聞かれたら、「世界中のがんばっている会社が集まった福袋」と説明してみましょう。**

その袋におこづかいから毎月数百円ずつ入れていくと、その人が他の人のお金と合わせて少しずつ増やしてくれる。しかも、日本にいながら世界中で役立つ仕事をしている人たちを応援することにもなるんだ、と。

そして、購入後は「〇〇万円分になるまで積み立てる」「〇歳になるまで続ける」などの目標を決め、ほったらかしておきましょう。その間に不況がきても、好況がやってきても一喜一憂せずに完全スルー。「使うときまでとっておこう」というスタンスでコツコツ続けて、大きく育てていきましょう。

PART 2

投資とギャンブルは どこがどう違う？

ＰＡＲＴ１では、家計の支出を「消費」「浪費」「投資」の三つに分けると話しました。

生真面目な方ほど、「浪費」を限りなくゼロに近づけようと受け止めてくれます。ただ、私は節約をすすめる側のファイナンシャルプランナーながら、浪費をゼロにする必要はないと考え、「浪費は家計全体の５％以内に収めましょう」と伝えています。

なぜかと言えば、人生には遊びが欠かせないからです。

何もかも制限、管理してそれをひたすら守っているだけでは息が詰まります。

もちろん、何に使ったかわからないまま支出が増えるのは大問題ですが、**あらかじめ浪費の枠をつくったうえで、それを把握しながら使う分にはかまわない**と思っています。

これはお子さんのおこづかいでも同じで、「無駄づかいしてもったいない！」と叱るよりは、最初から無駄づかいしてもいい枠を用意して、その範囲内であればガチャポンで運試しをしようが、駄菓子屋さんで散財しようが、すぐに飽きそうなおもちゃを買おうが、見逃してあげましょう。

お子さん本人が「これ、いらなかった」と真剣に感じれば、次からは同じ無駄づかいを繰り返すことはありません。

そして、投資とギャンブルの話です。

私はギャンブルにお金を使うことを否定しません。理由は「浪費」と同じです。

競輪、競馬といった公営ギャンブル、一攫千金を夢見ての宝くじやトト、ナンバーズ、時間つぶしのパチンコ、パチスロ……。いずれも家計における「浪費」の5％、もしくは自分のおこづかいの枠内に収まっていれば、問題ありません。

車券や馬券をにぎりしめてのドキドキ、抽選日を待つ間に広がる「宝くじが当たったら……」の想像、確変するかもしれないと回転するルーレットを眺める時間。いずれも人生のスパイスになる刺激です。**リフレッシュして再び仕事や家事に向き合えるなら、「浪費」も無駄にはならない**のではないでしょうか。

ただし、若いころの私のように、バイト代が入ったらパチスロに行き、お金が増えたときは友だちみんなに焼肉をおごって、負けたときは無一文。でも、悔しくて翌日には生活費を切り崩して、打ちに行ってしまう……。こんな状態は最悪です。

あくまでも枠内で、娯楽として楽しむべきものです。

投機をやるなら「浪費」の範囲内で

同じことは、ギャンブル的要素が高い投資にも言えます。

家計の相談を受けていても、FXや仮想通貨などで「儲かった！」という話がメディアを通して広がると、「やってみたい」と言われる方が増えるのを感じます。

しかし、私はどちらも完全にギャンブルだととらえています。

FXとは外国為替証拠金取引のことで、米ドルやユーロ、ポンドなど、外国の通貨の値動きを予測して売買し、為替差益を狙うもの。

仮想通貨は紙幣のように形あるものではなく電子データ。よく耳にするビットコインもその一種です。円やドルなどの法定通貨と交換することで手に入れることができ、一部の店やサービスの決済にも利用できます。

株と同じように相場によって価値が変わり、価格変動が激しいのが特徴です。1万円で買った仮想通貨の需要が高まり、20倍の20万円に価格が上がったとすれば、19万円儲かったことになります。

しかし、価格はかなり水もので、他の投資商品のように需要と供給を反映したものではありません。ブームが過熱している時期は資産1億円を超えた「億り人」が登場したもの の、つぎ込んだお金をほとんど失ってしまった人もいます。自分の将来を見すえた投資として行うようなものではありません。FXや仮想通貨などに大金を投じるのは、絶対に避けましょう。

とはいえ、実際に投資である程度の経験を積むと、仮想通貨などの目新しいブームには

「乗らないと損かも……」と思うようになってきます。**もし、どうしても試してみたいなら、浪費の枠内で、もしくはおこづかいなど家計に影響が出ない範囲で、「こういう投資もあるのか」と見聞を広める程度にしましょう。**

私は子どもに財産を残す気はありませんが、資産のつくり方は教えてあげたいと考えてきました。私たちの親世代が生きてきた時代とは、お金の貯め方や使い方が変わっていきます。そこを理解してお金とつき合わないと、ひどい目にあうからね、と。

だからこそ、投資はローリスク・ローリターンが鉄則です。

PART 2

保険の役割を子どもに説明できますか？

「貯蓄は三角、保険は四角」という言葉を聞いたことがありますか？

貯蓄はお金を少しずつ積み立てていくので、時間の経過とともに残高が右肩上がりの三角形になります。これに対して、生命保険は時間の経過と関係なく、加入した時点から受けとれる金額（保障額）が一定で、図形にすると四角形になります。

毎月3万円ずつ積み立てていくと、1年後の貯蓄は36万円。もし、その時点で事故にあった場合、引き出せるお金も36万円です。

しかし、生命保険は加入した1カ月後に事故にあったとしても、決まった額の保障を受けることができます。支払った保険料が3万円でも、契約した保障額が100万円なら100万円の保障を受けられるわけです。

だから「貯蓄は三角、保険は四角」。1回しか保険料を支払ってなくても、いつでも確実に大きな安心と保障を手にすることができます。ですから、貯蓄の少ない若いころ、現金が足りなくなる不測の事態への備えとして、保険は非常に役立つものだと言えます。

ここまでは保険のセールスパーソンが勧誘時に語る内容とほぼ変わりません。日本の多くの会社員は若手時代にこうしたセールスに触れ、「まわりの人も保険に入っているから」「担当の方がいい人だから」など、案外ふわっとした理由で生命保険に加入してしまいます。

その結果、家計の見直しのとき、無駄な支出になっている固定費のベスト3に「保障内容をよく知らないまま入っている生命保険料」がランクインしてくるのです。

生命保険とは、人にかかわる保険の総称。その目的は大きく分けて三つあります。

- 「死亡」――死亡したときに遺族の生活などを保障する
- 「医療」――生きているときのリスクをヘッジする

・「貯蓄」――老後資金や教育資金などに備える

生命保険の加入や見直しを検討するときに考えてほしいのは、「今の自分に、この三つの保障のすべてが必要だろうか」ということです。

必要な保障は「医療 ∨ 死亡 ∨ 貯蓄」で、全部必要という状況の人はめったにいません。家族状況や生活の仕方、今ある貯蓄などを考えて、総合的に判断することが必要です。

「保険で教育費を貯める」をおすすめしない理由

もし子どもに「保険ってなんのためにあるの？ どういう仕組みなの？」と聞かれたら、どう教えてあげるのがいいでしょうか？

これは投資信託の仕組みと少し似ているのですが、たくさんの人が少しずつお金（保険料）を出し合って、共有の大きなお財布をつくっておきます。これを保険会社が管理しておいて、お金を出した人の誰かが病気をした、ケガをした、あるいは死んでしまったときに、大きなお財布からお金を保険金として出してあげるという仕組みです。

こう聞くと、「困ったときの助け合いなんだなぁ」と思うかもしれませんが、**そもそも生命保険とは、保険料として支払ったお金が損になる可能性の高い「賭け」、もう少しよく言えばそれこそ「保険」なのです。**保障を受けられるかどうかは、将来的な健康の度合いにより異なるからです。

保険に入っていない人がずっと健康ですごせれば、「入ってなくてよかった」と思うでしょう。逆に健康に自信があるため入らなかった人が、思いがけないケガや病気で医療費や休業の負担が重くなり、金銭的に苦しくなることがあれば、「保険に入っていればよかった」と思うことでしょう。

基本的に、生命保険は加入が必須なものではありません。

もし病気をしたとしても、家計を支えていた働き手が亡くなってしまったとしても、必要なお金が貯蓄で準備できていれば、保険に入っていなくても金銭的な問題は起きません。とはいえ、多くの方はそれだけの貯蓄がないうちは、安心のために加入します。

ただし、その加入した生命保険の保障内容と毎月支払う保険料が、その人の生活に見合ったものかどうかはよく吟味する必要があります。

たとえば、日本には公的な医療費補助制度である「高額療養費制度」があります。これは健康保険が適用される医療費であれば、長期の入院などで高額の請求になっても、自己負担の上限以上の支払いは生じないという制度です。

この制度を知らないまま手厚い医療保障に多くの保険料を払っているのなら、その分を貯蓄に回すのも一つの考え方です。

ただし、保険診療外の治療費に高額療養費制度は使えないので、自由診療など保険診療とはならない治療が多いと言われる「がん、急性心筋梗塞、脳卒中」の三大疾病が心配であれば、加入を検討しておくべきかもしれません。

このように保険選びは、その人の置かれた状況によって正解が変わってきます。

お子さんが生まれたときや自分の老後を意識したとき、学資保険や個人年金保険などの「貯蓄を目的とした保険」に入ることへ意識が向くこともあるでしょう。

しかし、ファイナンシャルプランナーの立場で言うと、**今の貯蓄性のある保険にはいい商品がありません。**一度加入してしまうと途中で引き出すことができない流動性の悪い貯蓄で、満期前に解約すると元本割れすることもあります。

保険の本来のメリットは加入した時点で保障がつくことであり、実際は1万人のお客さんがいたとしたら9000人以上の人は損をします。

「当たれ！」と思って宝くじを買うのとは反対に、保険は「何も起きるな！」と願いながらお金を出す不思議な商品です。

積み立てるタイプの貯蓄をするなら、投資信託を使った長期分散の積立投資をおすすめします。

PART 2

不労所得は尊いものだと教える

「人的資本」と「金融資本」という言葉を聞いたことがあるでしょうか？

人的資本とは、あなたが将来に向かって稼ぐ力の総和です。

簡単に言うと、若い人は長く元気に働ける可能性が高いので、「人的資本を豊富に持っている」と言えます。

一方の金融資本とは、稼いだお金を貯めた金融資産（貯金や金融商品）のこと。親の財産を受け継いだなど、特別なケースを除いて若い人は金融資産をほとんど持っていません。

しかし、豊富な人的資本があるため不測の事態をカバーできるわけです。

ところが、私たちは誰もが年齢を重ねます。50代、60代になって人的資本が減ってきたとき、重要になってくるのが金融資本です。

人的資本が豊かなうちにいかに貯め、増やしておくか。そこで貯金と投資が大事になってくるわけです。

私たちの親世代くらいだと、株式投資で得た利益や投資信託の運用益を「不労所得だ」と言って、どこか後ろ向きなものととらえている人が少なくありません。また、株で大きな利益を得たという人に対して、さも悪いことであるかのように「そんなの不労所得だよ」と言う人もいます。そのような人たちは、自分が働くことだけで精いっぱいになってしまっているのかもしれません。

以前、運用で億万長者になった方が多く集まる場に参加したときのこと。私は酔った勢いで、「いいね、みんな不労所得で」と言ってしまったことがあります。すると、周囲からいっせいに「不労所得じゃないですよ。投資について本気で勉強して、すごい失敗もしながら、なんとか得たお金です。不労な所得じゃないんです」と言われました。

外部からは苦労などしていないように見えても、実は大変な苦労を重ねているというのはよくあることです。

一方で、相続で遺産が舞い込んだり、宝くじが当たったりするという絵に描いたような不労所得を得たものの、身につかず逆に苦労をしてしまうという例も見てきました。

お金の使い方のよくわかっていない子どもに大金を与えても、すぐになくしてしまうのと同じようなもの。お金の扱い方を知らない人に突然、大きなお金が入ってきても、うまく使うことはできません。

しかし、人的資本が減っていくとき、不労所得があることは非常に心強いもの。特に今後は、退職金や年金を金融資本としてあてにすることはできません。そんな時代を生きる子どもたちには、**不労所得を生み出す金融資本をつくる知恵が不可欠**です。


親のあなたのちょっとした言動が、少なからず子どもに影響を与えているもの。不労所得は尊いもの、自分と子どもの人生を助けてくれるものだという意識を持って、お金の話をするようにしましょう。

「そうは言っても、これからは厳しい時代になるって言うし……」と、親であるあなたは不安になるかもしれません。でも、安心してください。金融資本を用意することは、あなたが考えているほど難題ではありません。

何度もお伝えしているように、子どもたちの持っている「時間」が強い味方になってくれます。これは、資産をつくるうえで最高のプラス要素です。

人的資本の豊かな10代、20代、30代、40代のうちに打つべき手をきちんと打っておけば、あとは放っておくだけで金融資産は膨らんでいきます。

PART 2

まずは子ども名義の証券口座をつくろう

お子さんと投資の第一歩を踏み出すとき、必要になるのが投資信託を売買することのできる証券口座です。

証券会社は、店頭で金融商品を直接売買する店舗型と、インターネット上で取引するネット型に大別されます。

店舗型では担当者から情報やアドバイスをもらえるので、その方が安心だと思う人もいるでしょう。しかし、私のおすすめはネット証券です。

なぜかと言うと、店舗型の証券会社は総じて「取引手数料が高く、口座開設料、管理料がかかることが多い」という特徴があります。また、売買や換金の注文を出すときにも、営業時間内に電話をしたり、店舗を訪れたりしなければなりません。

その点、ネット証券はパソコンやスマートフォンと通信環境があれば、いつでも売買や換金の注文を出すことができます。そして取引手数料が安く、口座開設料、管理料が無料であることがほとんどです。

また、PART1で説明したように、月々100円から積み立てられる金融商品を扱うのもネット証券。**手数料や利便性の面では圧倒的にネット証券に軍配が上がります。**

対面でのアドバイスを受けられないと不安……という方がいるかもしれませんが、私がすすめている長期分散の積立投資は、基本的にバランス型の投資信託をコツコツ積み立てていく手法ですから、アドバイスが必要な状況はほとんどないはずです。

また、必要な情報はウェブサイト上でも得られますから、パソコンやスマートフォンに抵抗がなければ、ネット証券を選んでおいて間違いないでしょう。

そんなネット証券のうち、未成年者でも証券口座を開くことができるのが、SBI証券、楽天証券、マネックス証券、カブドットコム証券。この4社はいずれも信頼度が高く、どこで口座を開いても安心です。

◎ＳＢＩ証券

ネット証券では口座数ナンバーワン。売買手数料が安く、商品が豊富で、１００円から投資信託の積立投資ができる。ＳＢＩ銀行と連携すると普通預金の金利が優遇される。０歳から口座を開設できるが、未成年口座をつくるには親（親権者）がＳＢＩ証券に口座開設していることが前提。ただし、親がＳＢＩ証券の口座を持っていない場合でも、未成年口座と２名同時に新規で口座開設できる。

◎楽天証券

商品の種類が豊富で、取引に応じて楽天市場で使えるポイントがつく。楽天銀行と連携すると普通預金の金利が優遇される。０歳から口座開設が可能だが、未成年用口座をつくるには、親権者がすでに口座を持っていることが条件になる。１００円から積立投資信託を利用することが可能。

◎マネックス証券

100円からの積立投資信託を扱っている。積み立てで購入した投信の申込手数料をキャッシュバックして実質無料にする「ゼロ投信つみたて」サービスも。0歳から口座開設が可能だが、未成年用口座をつくるには親権者が口座を持っていることが条件。

◎カブドットコム証券

三菱UFJファイナンシャル・グループで安心感がある。最低100円からの積立投資が可能。0歳から口座開設が可能だが、未成年用口座をつくるには親権者が口座を持っていることが条件。

税金などの手続きは楽にすませたい

口座を開設する証券会社を決めたら、その会社のウェブサイトにアクセスし、ネットから口座開設の申し込み手続きをします。

その際には未成年口座申込書、あなたとお子さんのマイナンバーと、運転免許証やパスポートなどの本人確認書類、親権者を取引主体とする同意書兼未成年者を取引主体とする同意書、続柄を確認するための戸籍謄本（全部事項証明）が必要です。個人番号カードを持っていない人は、マイナンバー通知カードを用意しましょう。

ほとんどのネット証券で、必要な書類をスキャンしたり、デジカメやスマートフォンで撮影したりして画像を用意し、それをアップロードすればユーザー側の手続きはすべてネットで完結します（郵送でのやりとりも可能です）。手続き終了後、口座番号やパスワードなどが郵送で届き、ログインすると取引スタンバイの状態になります。

なお、口座開設手続きで初心者が戸惑うポイントに、「特定口座・一般口座」と「源泉徴収のあり・なし」の選択があります。「特定口座」「源泉徴収」など、聞き慣れない言葉が並び、ハードルの高さを感じるかもしれませんが、**最初は「特定口座」「源泉徴収なし」を選べばOKです。**

その理由は、面倒が少なくおトクだから。詳しく知りたい方は、この先を読んでください。知らなくていいという方は、次の項目まで読み飛ばしても問題ありません。

「特定口座」と「一般口座」の違いは、「年間取引報告書」という書類を自分でつくるか、証券会社がつくってくれるかの違いです。投資によって年間20万円以上の利益を出すと、確定申告をし、税金を納めることになります。

年間取引報告書はその際に必要になる書類で、年間の売買の履歴や損益を計算しまとめたもの。一般口座の場合、取引の損益の計算など、手間のかかる書類作成を自分でやらなければなりません。その点、特定口座なら証券会社が年間取引報告書をつくってくれます。

「源泉徴収あり」と「源泉徴収なし」の違いですが、源泉徴収ありでは必要な手続きを証券会社が代行してくれるので、確定申告の必要がありません。源泉徴収なしの場合、確定申告の手続きを自分で行うことになります。

そう聞くと、手間のかからない源泉徴収ありの方がよさそうな気がしますよね。でも、こちらを選ぶと利益が20万円以下の場合でも、利益が発生した時点で約20%の税金が自動的に徴収されてしまうのです。

バランス型の投資信託を使った長期分散の積立投資では、最初のうちの利益はわずかなもの。とても20万円には達しませんから、「源泉徴収なし　特定口座」の組み合わせが、面倒が少なくおトクなのです。

「分散」を実現できる投資信託はこの二つ

口座を開設して取引が可能になったら、バランス型投資信託を積み立てで購入します。

バランス型投資信託とは、日本の株式や債券、外国（先進国から発展途上国まで）の株式や債券などが、その名のとおり、バランスよくパッケージされた商品です。

これを一つ買うだけで、複数の対象に分散投資することができます。

ただし、バランス型投資信託にもたくさんの商品があります。どれを買えばいいのかわからないという悩みも出てくるでしょう。

そこで私がおすすめしているのが、「世界経済インデックスファンド」（三井住友トラスト・

アセットマネジメント）と、「eMAXIS　バランス　8資産均等型」（三菱UFJ国際投信）です。

◎「世界経済インデックスファンド」（三井住友トラスト・アセットマネジメント）
これ一つで世界の株式と債券に投資することができ、手数料（信託報酬）が安いバランス型投資信託。

◎「eMAXIS　バランス　8資産均等型」（三菱UFJ国際投信）
世界中の株式、債券の他に国内外リート（投資機関が不動産に投資して利益を投資家に分配する商品）も含まれる、バランス型投資信託。

この二つのバランス型投資信託が商品検索や投資信託の商品一覧から見つかったら、商品内容が詳細に記された「目論見書」に目を通しましょう。

確認後、積立金額や毎月の購入日を設定します。確定させたら、バランス型の投資信託を使った長期分散の積立投資による「コツコツ投資生活」の始まり。その後は、**基本的に放っておくだけでOK**です。投資成績をこまめに確認しすぎると短期的な上下に動揺しがちなので、その意味でも放っておくのがおすすめなのです。

半年に一度、または月に一度くらい、投資の状況を子どもと確認してみましょう。そのときにも短期的な利益、または損失に一喜一憂しないこと。PART3でお伝えする「お金と社会」の話題につなげて、子どもとお金について話す機会にしましょう。

PART 3

子どもと「お金と社会」について学ぶ

PART 3

おこづかいは「円」と「ドル」の選択制

私が子どもたちにおこづかいを渡すときは、米ドルと日本円から選べるようにしています。日本国内では、米ドル紙幣は円に両替しなければほとんど使うことができません。その代わり、米ドルで受けとる場合は円の1割増しになるという特典があります。

なぜ、もらってもすぐに使えない紙幣をおこづかいで渡しているのかと言うと、話は長女が小学校2年生、2003年ごろにさかのぼります。

当時、私はとある外資系企業からの報酬をドルで受けとっていました。

普段、ドルでの報酬はあまりないので、突然入ってきたドル資金をどうしたものかと思案していたとき、ふと「子どもに与えたらどうなるかな?」と思いついたのです。

長女はもちろん、ドル紙幣を見たことがありません。そこで、試しに1ドル札を渡してみたところ、お金のようだけど、お金ではない不思議なものを見るように眺め、好反応でした。以来、「ドル建ておこづかい制」をおこづかいの基本にしています。

PART1で紹介した横山家の日常的なおこづかいのやりとりは、すべて円単位で書きましたが、実際には、子どもたちは米ドルで受けとるか円で受けとるかを選んでいます。受けとったドル札は、いつでも「パパ銀行」で円に両替できます。

これはおこづかいを渡す親にとっても不便で、コストがかかります。常に手元に米ドル紙幣を用意する必要があり、銀行で円からドルに両替すると手数料をとられます。

そんな手間暇をかけてでも「ドル建ておこづかい制」を続けているのは、それ以上の大きなメリットがあるからです。

最大のメリットは、お金を通じて社会への関心が高まること。

横山家では、おこづかいをもらい始める小学校3年生のときから米ドルに触れます。

最初に説明するのは、「このお札は、日本ではなくてアメリカのお金だよ」ということ。地球儀や世界地図を見ながら、アメリカの場所を知ってもらい、ついでにカナダやメキシコなど、まわりの国で使われているお金もそれぞれ違うことなどを話します。

子どもたちはちんぷんかんぷんで途中から飽きてしまう子もいますが、それも当然の反応です。無理に情報を詰め込んでも意味がないので、毎月少しずつ伝えていきましょう。

子どもにしてみると、おこづかいをもらったものの、ドルのままでは使えないわけです。自然と「どうしたら使えるようになるのだろう？」と考え始めます。

とはいえ、10歳くらいの子に「銀行で日本円に両替する」という仕組みを理解してもらうのは難しいもの。まずは米ドルというアメリカのお金があり、日本円に替えることができるのだと伝われば十分です。

こうすることで、**毎月のおこづかいの日が海外に目を向ける機会になります。**

ドルを使える場所に行ってみたくなる

実際に米ドルでおこづかいをもらい、ドル札をパパ銀行で日本円に両替するようになると、子どもたちは円にするときおトクになるタイミングがあることに気づきます。

たとえば、毎月10ドル（約1000円）のおこづかいをもらっているとしましょう。ある年のある月は円高が進んで1ドル99円に。また、ある年のある月は円安が進んで110円に。すると、同じ10ドルを両替したのに、おこづかいが990円になったり1100円になったりするわけです。

110円の違いとはいえ、1000円のおこづかいの子にとっては一大事。**結果、子どもたちは自然と円ドルの為替レートに意識が向くようになっていきました。**

ちなみに、「ドル建ておこづかい制」の先駆者である長女は、中学生になるころには毎月のおこづかいの3、4割程度しか両替しなくなりました。すぐに使うおこづかい以外、残りは米ドルで貯めておいて、為替レートが有利なときに両替することにしたのです。

もちろん、長女のようにドルで貯めるのが正解というわけではありません。

米ドルでおこづかいを受けとることで、そのままドルが使える場所に旅行をしてみたいと思うようになってくれることでも、お金が世界への扉になるという意味では大成功。大事なのは、お金と社会とのつながりを感じとってもらうことです。

PART 3

お金で教えると「先のこと」を考えられる

私がお金と社会のつながりについて子どもたちと話すとき、大切にしているルールが4つあります。

・自分のできないことを押しつけない
・考え方、やり方を強制しない
・子どものお金の使い方に口を出しすぎない
・いいと思ったら、思い切りほめる

親ができないことを子どもにやらせようとしても、納得感がないので言葉が心に届きません。たとえば、家計簿もつけず、支出を「消費」「浪費」「投資」に分けてみることもしていない親が、突然「今月からおこづかい帳をつけなさい！」と強制しても、子どもは反発するだけで実行することはないはずです。

子どもにお金を通して社会を知ってもらいたいなら、まずは大人も勉強して質問に答えられる準備をしておきましょう。

もちろん、子どもが聞くことすべてに答えられる必要はありません。**わからないことは一緒に調べてお金の疑問を探ることでコミュニケーションが深まります。**

また、子どものお金の使い方に口を出しすぎないことも重要です。

子育てでは、見守るよりも「ああしなさい」「こうしなさい」と指示を出し、強制力を発揮した方がスムーズに進む場面が多々あります。

しかし、金銭感覚の教育は長い時間をかけて行うものです。親がよかれと手を出し続け、お金の失敗をしないまま成長すると、金銭感覚がズレたまま社会に出ることになりかねません。その結果、クレジットカードのリボルビング払いやキャッシングで借金を抱えてしまうことにもなりかねません。

ですから、「おこづかい制にする」「一部をドルで渡す」「おこづかい帳をつけたらおこづかいの額が少し増える」などの基本方針が定まり、子どもたちがレールの上を走り出したら、基本的に彼らの好きにしてもらいましょう。

「将来を見すえる力」を養う

最後の「いいと思ったら、思い切りほめる」も非常に重要です。

たとえば、おこづかい帳をしっかりつけられたとき、計画的なお金の使い方ができたとき、ニュースとお金について結びつけて考えられたときなど、あなたが「この子はやるな」と感じた瞬間に「すごいね」「うまくできたね」「その考えはなかった」といった調子で思い切りほめてあげましょう。

無駄づかいしがちだったお子さんがおこづかいをうまく使えるようになったら、「やって当たり前」ではなく、「すごいことを達成した」という方向でほめてあげましょう。

前述したように、横山家ではお年玉や親戚からもらったおこづかいを口座に貯めるお金、おこづかいの不足分の補填に使うお金に分けて、子どもたちに管理させています。

小学生のうちは、半年後という先の予定を考えて準備する感覚はなかなか持てませんが、**年間のおこづかいのやりくりを任せていると、徐々に先を見る感覚が養われます。**

子どもたちのお年玉は、少し多めにあげています。なぜかと言うと、月々のおこづかいは欲しいものを買って少し余る程度しかあげていないからです。これではお金を使ううえでの選択肢が狭くなり、先を見てやりくりする感覚が育ちません。

もう少し余白があった方が自分なりのやりくりができるのではないかと考え、お年玉を多めにあげて、おこづかいの補填予算にあてる仕組みにしました。

すると、下の子は上の子がやっているのを横目で見ながら、もらったお年玉を一時的な大金ととらえるのではなく、年間の予算として使い道を考えたり、より将来を見て貯金に回したりと視野を広げてくれるようになりました。

ちなみに、お年玉などの臨時収入を貯金用に回すときは、子どもたちの専用口座に入金していています。この口座には、月々のおこづかいのやりくりでできた残金やお祝い事でいただいた臨時のおこづかいなども貯めて、子どもたちと一緒に定期的に残高を確認します。**通帳に数字となって積み重なっていく金額を目にすることで、子どもたちはお金が貯まっていくことを実感でき、「お金は貯められる」という自信を得ます。**親の私たちは「すごいね、貯まってきたね」と思い切りほめるだけでいいのです。

「自分事」だと本気でお金について考える

子どもたちが中高生になったら、貯金用の口座の中身も自分で管理してもらいます。

実際、中学生になると先を見て、月々のおこづかいと口座のお金を合わせて、計画的に使うことができるようになります。

たとえば、高校生になったばかりのわが家の四女はプロレス大好き女子。

新日本プロレスに大好きな選手がいて、欲しいパーカーが発売されると知りました。でも値段は8000円。毎月のおこづかいでは足りません。かといっておこづかいを全額使ってしまうと、友だちづき合いにも支障をきたします。

そこで、彼女は毎月1000円ずつ残金を貯め、4カ月後に貯金から4000円を下ろし、夏の終わりにパーカーを購入していました。

なぜ、貯金から一気に8000円引き出さなかったのかと聞いてみると、「次に欲しいものが出たときに、どれだけ欲しくても我慢しなくちゃいけないから」という答えでした。

親がポンと買ってあげていると、パーカーが手に入った喜びはあっても、8000円のありがたみは体感できません。おこづかい、お年玉という形でお金のそのものは親の財布から出ていたとしても、本人がやりくりすることでお金重みが変わってくるわけです。

自分事になると、子どもたちはお金のやりくりに本気になります。

私たち大人がお金を貯められないのは、工夫ができないことに原因があります。これから子どもがお金を貯めたり、お金に困らないようにするためには、工夫することを覚えさせましょう。

PART 3

どの年齢になったら何をどこまで教えるべきか

親にとって、子どもの年齢に応じて、お金について何をどこまで教えるべきかという問題が出てきます。

どの家庭にも通用する〝完璧な答え〟はありません。子どもたちは一人ひとり違います。そして、一人ひとり違うペースで、日々成長していくからです。

近所のお祭りでのことです。小学2年生の息子が綿あめの屋台の前で立ち止まりました。カラフルな綿あめを見て、「綿あめ、欲しい。自分のお年玉から買って。僕のお金だからいいでしょう」とおねだりを始めたのです。

お祭り、屋台、綿あめですから、気持ちはわかります。でも、値段は一つ500円。お祭り価格です。

すると、横で聞いていた小学5年生の五女が、「500円も出すなんてもったいないよ。家に綿あめをつくる機械があるから、帰ったらつくってあげるよ」と諭し始めました。

たしかに、家には以前のクリスマスにいただいたおもちゃの綿あめ製造機があります。あれを使えば、家にある材料で綿あめが食べられるというわけです。


この提案に息子はしぶしぶながらも納得。もし私が「高いからダメ」と言っていたら、きっと「自分のお金だから大丈夫」と粘りを見せたはずです。

でも、お姉ちゃんからの提案だったことで、別の可能性を考えたのでしょう。

それが「ここでお金を使わなければ他に欲しいものが買えるかも」なのか、「お姉ちゃんが言うなら、そっちの方がいいのかも」なのかはわかりませんが、子どもたちは年齢なりにお金の使い方について試行錯誤しつつ、成長していきます。

一方で、成長とともに親が想像もしない理由で悩みもします。

弟に節約を諭した五女は一時期、おこづかいが足りず、毎月少しずつお年玉を切り崩していました。おこづかい帳を見て不思議に思った妻が、「最近、おこづかいが足りないの?」

と聞くと、「実は困ってる」と打ち明けたそうです。

というのも、夏場になり、友だちとプールに通うようになったとか。

「でも、交通費が毎回170円かかるし、プール代もかかる。終わったあとにみんなでジュースを飲むから、そのお金をおこづかいから出すのが大変だし、プールに行くと毎月読んでいるマンガ雑誌が買えなくて……」

親としては、「早く言ってよ」「相談しなよ」という悩みです。

でも、本人はおこづかいのなかで……とがんばっていました。やりくりする力がついてきた分、困りごとを抱え込んでしまったわけです。結局、このときは交通費を家計から出してあげることで解決しました。

親が守るべきたった一つの原則

子どもに何歳になったら、お金について何をどこまで教えたらいいか？に完璧な答えはありません。お金と家計の専門家として、6人の子どもの成長と接していて感じるのは、本当に一人ひとり違うということです。

節約が得意な長女、堅実派の次女、衝動買いしがちな三女、やりくり上手な四女、上を見ながら成長中の五女と長男。おこづかいの渡し方や家族マネー会議への参加のさせ方は全員同じで、環境は大きく変わらないはずなのに、お金に対する考え方や使い方には個性が出ます。

それでも一つ言えるのは、子どもがもらったおこづかいをすぐに使ってしまい、その後、何かをねだってきた場合です。これははっきりと断りましょう。**ここで親が救いの手を差し伸べてはいけません。**

計画性なくおこづかいを使い切ってしまったのは、その子の失敗です。

たとえば、遠足のお菓子を買いに行くはずが、おこづかいを無駄づかいしてお金がないから買えないと泣いたとしても、おやつなしで行かせるくらいの厳しさを持ちましょう。

なぜなら、子どもは困れば困るほど、お金の使い方について自分で考えるようになるからです。

大切な学びとなるタイミングで助けてしまうと、子どもは「親が助けてくれる」「お金は頼めばなんとかなる」と思い、同じことを繰り返してしまいます。


この一点だけは全員に共通する教えとして、おこづかいをあげる年齢になった子どもたちに実践してきました。それ以外は、一人ひとりの場面場面に応じて、お金についてのコミュニケーションを欠かさないことを心がけています。

あなたとお金の会話を重ねることが、お子さんにとって最高の教育になるはずです。

PART 3

お金についてオープンにすることの大きな意義

ＰＡＲＴ１で紹介した「家族マネー会議」であきらかにしたとおり、横山家では私の稼ぎ、出ていくお金、投資を含めた貯蓄の状況まですべてオープンになっています。

これもまた、お金についてのコミュニケーションを増やしたいからです。子どもたちには、わが家の家計に深く関与しているメンバーの１人として、過去、現在、未来、そして成功と失敗を共有してもらっています。

昭和のころは、家計の数字を一家の大黒柱や母親が抱え込み、子どもには一切明かさないという状況が当たり前でした。そこにあったのは、子どもたちにお金についての変な心配をさせたくないという親のプライドだったのかもしれません。

しかし、子どもたちは家から巣立つまで生計を一つにする仲間です。彼らに家計の状況を隠し、心配をかけないようにするプライドは必要でしょうか？

多くの親は会社で大変な思いをしながら懸命に働き、子どもにわからないような陰の努力を積み重ね、日々のやりくりをこなしているはずです。**大きな労力を払って家計を支えているにもかかわらず、その努力や思いが子どもたちに伝わっていないのは、非常にもったいないことではないでしょうか。**

たしかに、「家族マネー会議」を行うと親の浪費もガラス張りになってしまいます。日ごろ子どもにしていた「無駄づかいして！」という説教が、ブーメランとしてわが身に返ってくるかもしれません。それでも私は、家計のいいときも悪いときも子どもたちと一緒にお金の話をした方が、お金と家計、お金と社会のつながりを早く、深く理解してくれると考えています。

不況で月収が減ったりボーナスがゼロになったりしたとして、それを正直に話すと子どもたちを不安にさせてしまうと考えるかもしれません。しかし、私はそうは思いません。

お金は無条件に降って湧いてくるものではないからです。

お金の重み、お金を得ることの大変さを感じてもらうためにも、子どもには家計の現実を直視してもらった方がいいと思っています。

実際、家計相談に来ていた方が「家族マネー会議」を導入。子どもたちに「借金があること」を打ち明けました。ご本人は「子どもが落ち込むのではないか」と心配していましたが、フタを開けてみると子どもたちは家計の状況を受け入れ、返済のための節約に協力してくれるようになったのです。

そして、そんな子どもたちの姿勢を見て、消費者金融から借りてしまうほどやりくり下手だった本人も心を入れ替え、その方の家計はゆっくりと確実に改善していきました。

子どもが「学費がどのくらいかかるか」を知ると――

「家族マネー会議」で話していることのなかで、これは子どもたちにいい影響があったなと感じているのは、教育費に関することです。

一般的なケースで、1人の子どもが大学を卒業するまでに、すべて公立でも1人につき少なく見て1000万円かかると言われています。

また、文部科学省の「平成28年度子供の学習費調査」によれば、幼稚園（3歳）から高校3年までの15年間、すべて公立に通った場合の学習費総額は約540万円で、すべて私立なら約1770万円です。

昨今、大学の学費負担が急に厳しくなってきており、日本政策金融公庫の「教育費負担の実態調査結果」（平成28年度）を見ると、卒業までに必要な入学・在学費用は国公立大で約485万円、私立文系は約695万円、私立理系は約880万円となっています。

すべて公立でも高校までの540万円と合わせると1025万円もの金額となり、すべて私立なら2500万円前後にもなります。

こうした話もしつつ、実際に子どもたちにかかっている教育費をオープンにしてきました。長女は中高一貫の私立に通ったので学費が高く、「家族マネー会議」によって、本人も納得のうえで「塾には行かない」と決めました。

逆に中高公立に通った次女は、「私は公立高校に行くから、その分塾に通いたい」と提案。これも「家族マネー会議」で認められました。

子どもたちにとって毎月数万円という額のお金が動く教育費は、大きなインパクトを与えます。親が額に汗して稼いだお金が自分たちの教育に使われていると知る。それによって、積極的に勉強するようになるとは限りませんでしたが、**少なくとも「自分たちは大切な存在なのだ」ということは伝わった**ように思います。

PART 3

世界のニュースと自分のお金は結びついている

テレビやネットのニュースは、お金と社会を知るためのよい教材になります。

私が子どもたちの金銭感覚の教育を始めたのは、長女が小学校中学年、次女が小学校低学年のころでした。当時、私は借金のある方の家計の相談に乗ることが多く、子どもたちにも借金の怖さを教えたいと考えたのがきっかけです。

とはいえ、学校の勉強のように「パパが借金の怖さを教えるから聞きなさい」と講義をしたとしても、子どもたちは聞いてくれなかったでしょう。

気をつけたのは、**日常会話にお金の話題、借金の話題を盛り込み、自分たちの生活に置き換えて考えてもらうこと**でした。

たとえば、借金のニュースを見ながら「人はどうしてお金を借りるんだと思う？」「返せなくなってしまうのはどうしてだろう?」と投げかけて、子どもたちの返答を聞き、話し合っていったのです。

そのやりとりでどこまで借金の怖さが伝わったかはわかりませんが、関心を持つきっかけは与えられたと思っています。

「ドル建ておこづかい制」にも同じ効果がありました。

子どもたちは米ドルでおこづかいをもらううち、自然とアメリカという国、為替レート、円高・円安を伝えるニュースなどを気にするようになっていきます。

一例をあげると、2008年にリーマンショックが起きたとき、長女は中学生、次女は小学生でしたが、「アメリカで大変なことが起きたから、米ドルが安くなって、円が高くなった」と理解していました。

アメリカで深刻な経済問題が発生

↓

先行きの危ない国の通貨は持ちたくない
↓
世界で最も流通量が多い米ドルが売られる
↓
通貨を売った人は、代金を別の通貨で受けとるので他国の通貨が値上がりする
↓
円やユーロといった、米ドルに続く安定した通貨が高くなる

もちろん、リーマンショックの引き金となったサブプライムローン問題や、破綻した投資銀行リーマン・ブラザーズがどんな会社かなど、細かなところはわかっていません。それでも、ニュースで報じられている事件と、円高ドル安を進ませる要因がつながっていることは理解していました。

こうしたニュースとお金の関連性について、学校の授業ではあまり教えてくれません。

だからこそ、家庭で話題にあげる必要があるわけですが、単に「世界経済が大変！」と騒いでも、子どもたちには現実味がありません。

しかし、米ドルでおこづかいをもらっていると「このニュースは自分に関係がある！」と感じ、そう思うから親の説明も頭に入っていくのです。

株価と自分のお金も連動している

「投資」を始めるのもまた、お金と社会のつながりについて敏感になるいいきっかけになるでしょう。

最近の例で言うと、アメリカと中国が互いに関税を引き上げる「米中貿易戦争」のニュースが頻繁に報じられています。

米中の緊張が高まるとアメリカの株価が下がり、連動して日経平均株価も下がります。逆にトランプ大統領と習近平国家主席が首脳会談をして、「建設的な議論ができた」と発表されると株価は回復。

子どもたちと「トランプさんと習近平さんが合意したから、ひと安心で景気がよくなるのかな。だとしたら株価も上がってくるね」なんて話をしていたら、今度は両国の閣僚同士の会合で再び火種がくすぶり……と、事態は二転三転します。

投資信託などで投資をしていなければ、遠い世界経済のニュースです。しかし、**自分が毎月お金を積み立てている商品の値動きと世界の出来事が関連していると、難しいニュースにも興味が向くようになります。**

株式市場の動きは日本、アメリカなどそれぞれの国だけにとどまらず、世界経済のニュースともつながっています。

子どもがその感覚をつかめるだけでも、一緒に「投資」をしていく意味があると言えるのではないでしょうか。

PART 3

キミは将来どうやって稼ぐのか？

横山家では、高校生になったらアルバイトをしてもいいことになっています。ただし、勉強に影響しない範囲でやること。夜遅くなるアルバイトは避けること。学生は勉強第一ですから、この2点は守ってもらいつつ、働くこと自体は推奨しています。

お金と社会のつながりを考えていくうえで、「稼ぐことの大変さ」を実感しているかどうかは大きな差になります。

たとえば、私は借金をしたことも、返済に悩んだことも、浪費がいけないとわかっているのにギャンブルを続けてしまったこともあります。こうした「でもやってしまう人間の気持ち」を実感したことは、家計の相談に乗るうえでとても役立っています。

働くことの大変さ。お金を稼ぐことの大変さ。

正直に言って、この二つを知らないままいくらお金の勉強をさせても、感じとってほしい根っこの部分が伝わっていかないような気がしています。

一日中立ち仕事をしたり、倉庫で商品を運んだり、店頭でお客さんに怒られたり……。また、店長から「助かった」と感謝されたり、仲間から「仕事できるね」と認められたり、お客さんから「ありがとう」と言われたり……。

アルバイトだとしても、そこで経験した出来事が1時間分の時給に変わるとき、子どもたちは「稼ぐのって大変だな」と実感できるはずです。

これは、口頭で何回も「お金は大事なんだよ」と伝えるよりはるかに効果的。自分ががんばってやっと手に入れた1000円なんだと思うと、重みが違います。

横山家では、上の子が下の子に「私はこの1000円を稼ぐために1時間しっかり働いてるんだからね」と無駄づかいを諭す場面がよく見られます。学生は勉強が第一ではありますが、高校生のうちから働き、稼ぐ経験を積むことは大きな社会勉強になります。

さらに、アルバイトでは幅広い年代の人たちとのかかわり方、商売の仕組み、責任を負う緊張感、意見すべきか我慢すべきかのさじ加減など、有形無形の学びが得られます。

大学生になったら学費は一部負担

また、これもわが家の独特なルールですが、大学、専門学校などに進学した場合、学費の一部は子ども自身にも負担してもらっています。もちろん、学費の自己負担分は絶対に払わなければいけないわけではありません。負担できないなら大学をやめてと迫るつもりではなく、学費についても支出を〝自分事〟としてとらえてもらいたいだけです。

返済型（貸与型）の奨学金もありますが、将来に向けた大きな負担となってしまうのも事実です。そこで奨学金は使わず、本人に学費の一部を自己負担してもらい、残りを親がサポートするという形をとっています。

具体的な額としては、前期後期の1年で120万円かかるとしたら、自己負担の目標は年間50万円。大学生になった子どもたちは、この額を考えながらアルバイトを入れています。

自分自身のことで考えても、親に学費を全額出してもらうと授業の一つひとつを大事に思わなくなっていきます。大学は本人が行きたくなければ行かなくてもいい場所です。大学時代は人生の夏休みとばかりにサボりがちになって、ブラブラしてしまう。

そこに4年間で数百万円（卒業までに必要な入学・在学費用は国公立大で約485万円、私立文系は約695万円、私立理系は約880万円）払うわけですから、学生生活を有意義にすごしてもらいたいと思うのは、親として当たり前の感情です。

実際、一部でも学費を自分で払っているという自覚があると、むやみにサボることはなくなります。

一方、学業について、わが家では「やりたいことをやりなさい」以上のアドバイスはしていません。働くことの大変さを実感しつつ、自分の考えで進学先を選び、学ぶための費用を賄いながら学生生活を送る。

高校時代、大学時代をそんなふうにすごせば、その先の「働く自分」について、間違えた選択をしてしまうことは避けられるのではないでしょうか。

PART 3

貧乏だと不幸？ 裕福だと幸せ？

私はファイナンシャルプランナーとして独立する前は司法書士事務所で働いており、そこでお金に苦しんでいる人たちをたくさん見てきました。

「複数の消費者金融から300万円の借金があります……」と青い顔をしていた相談者が、「債務整理と過払い金請求で借金がなくなるうえに、過払い金が100万円戻ってきます」と聞かされ、劇的に表情を変える瞬間。そんな場面にも何度も遭遇しています。

「自己破産しかない……」と思い詰めるような状況での朗報ですから、ほとんどの相談者はホッとした安堵の表情を浮かべるわけです。しかし、なかには予想を超える反応を見せる人もいました。

落ち込んだ様子でボソボソ話していた人が急に生気をとり戻したかと思ったら、相談に乗っている私たちに対して謎の強気な態度を見せ、「いつ金が返ってくるんだ⁉」と詰問。「早くとり返してくれ」とせっついてくるのです。

人の態度は、経済状況によって大きく変わります。

それもお金の持っている力の一つなのでしょう。

安定と幸せをもたらすこともあれば、混乱と不幸せを呼び込むこともある。多重債務に悩む人と多く接してきた経験から、「貧乏もいい経験」と安易には言えません。特に自分で稼ぐ力が備わっていない子どもたちにとっては、無用な苦労はない方が幸せでしょう。

裕福な経済状況とまではいかなくても、家計の赤字が積み重なっている状態から脱してもらいたい。私が多くの赤字家計の相談に乗ってきた背景には、そんな思いもあります。

現実問題として、がんばって働いてもなかなか収入が上向きにならない人もいます。

しかし、家計の支出を見直すことでジリ貧状態から脱することはできます。**赤字家計のほとんどは削れる浪費に気づかないことで赤字になっているだけで、環境を整えれば収入が増えなくても改善することが可能です。**

世帯年収が２００万円台、３００万円台で子育てをしながら、コツコツ貯蓄を増やしている方の例をたくさん見てきています。一方で、世帯年収が１５００万円を超え、世間的なものさしでは裕福だとされているのに貯金ゼロ、という家計にも何度も出会っています。稼ぐ力はあるけど、使ってしまう。しかし、ご夫婦揃って「貯金がない状態が働く原動力になるんです」という意見なら、受け止めます。

なぜなら、貯金のあるなしが幸福なのか不幸なのかの決め手ではないからです。

結局、お金に対する自分軸が重要

大切なのは、あなたがお金に対する自分軸を持つこと。そして、お子さんがお金に対する自分軸が持てるよう接することです。

現時点で貧乏なのか、裕福なのかは大きな問題ではありません。

実業家で経済評論家の故・邱永漢《きゅうえいかん》さんはその著書で、「お金がたくさんあったからって必ずしも幸せになれるわけではない。普通の人が１万円で味わえる楽しさを、お金持ちの人は1万円では味わえない。客観的にはお金持ちの方が幸せに見えても実はそうではないことも多い」と語っています。

赤字家計に悩む人の多くは、「なんとなく」「必要そうだから」と、目的や動機が曖昧なままお金を使っています。これは収入の多寡に関係なく共通した傾向です。

そうではなく、お金がない人はないなり、ある人はあるなりに、**自分の価値観で支出と向き合っていきましょう。**

自分軸に沿った使い方ができると、自分が大切にしたい事柄にきちんとお金を払えるようになり、無駄な支出が抑えられます。すると、使った内容に後悔することが減り、自分なりの目的や行動に最適なお金を投資できたことで、心地よい満足感を得られます。

仮に今、貧乏でも、メリハリのあるお金の使い方をして納得感を得られていれば幸せを感じるはずです。その延長線上に家計の改善があり、徐々に自由になるお金が増えます。

そのとき、お金に対する自分軸が育っていれば、お金が「選択肢を増やしてくれること」を実感し、裕福さの幸せをはっきりと感じとることができるのです。

PART 3

お金の価値は変化し続けている

もう一つ、子どもたちに伝えたいこととして、日ごろから心がけているテーマがあります。それは「今の価値」と「将来の価値」を考えて、行動するということです。

たとえば、あなたには100万円をもらえる権利があるとしましょう。

いま受けとると100万円。

しかし、1年後に受けとるなら金利5%で運用され、105万円で受けとれます。答えがわかっていて、なおかつ、今すぐに現金が必要な状況でなければ、多くの人が1年後の105万円を選ぶのではないでしょうか。

いま目の前にいる人やお金、企業やものの価値は将来に向かって変化する。その原則は理解しながらも、私たちはついつい「今の価値」に引き寄せられてしまいます。

ですから、金利5％で運用されると言われていても、確実に今、手に入る100万円を選ぶ心理も、お子さんの就職先に「将来、成長しそうなベンチャー企業」より、「今、まさに安定している企業」をすすめてしまう親御さんの思いもよくわかります。

今の価値は、時間の経過とともにいい方向にも悪い方向にも変化していきます。

PART2でとり上げた「長期分散の積立投資」は、お金の今の価値を長い時間かけていい方向へ変えていく方法でした。

その意味を子どもたちに伝えるため、こんなシミュレーションを見せたこともあります。毎月500円ずつ投資して、年利3％で10年間運用すると、元金6万円で約1万円の運用益がつきます。

大人は「10年でたった1万円？」という印象を受けるかもしれません。しかし、10歳の子どもにとって1万円は大きなお金です。

何より大事なのは、金額の大小より、時間をかけてお金に働いてもらうとお金は育つのだと知ること。今、目の前にある500円の価値が10年後という将来には大きく増しているはずだと感じてもらうことにあります。

同じように、今は誰も知らない小さな会社が、10年後、20年後には社会に欠かせない存在の企業に成長していくことは、これまでに何度も起きてきた出来事です。

たとえば、1994年にアマゾンが創業されたとき、25年後、そのビジネスが世界中に広がっていると予測していた人はいません。きっと、創業者のジェフ・ベゾスさんもここまで成長するとは思っていなかったでしょう。

「今の価値」と「将来の価値」。価値を増やすためのカギをにぎっているのは時間です。

子どもたちには、「お金＝時間」という認識はありません。しかし、早いうちから時間を効果的に使えば、将来の価値が増えると知っていれば、行動が変化していきます。

それはお金の使い方についてもそうですし、勉強についても好影響が出るはずです。

投資を始めるべきなのは常に〝今〟

価値を増やすために、今と将来の間にある時間をどう使っていくか――。心がけたいのが二つの「投資」です。

一つはPART2でテーマとした金銭的な投資。お金と時間を掛け算して、将来受けとることのできる金融資本を大きくしていきます。

もう一つは自己投資。これは自分と時間を掛け算して、働いて得ることのできる成果、つまり人的資本を大きくしていくことです。

どちらの投資も、「将来につながる生産性のあるお金の使い方」です。習い事や書籍代、自分や家族、大切な人にかける時間、労力、気持ちも自己投資となります。

ポイントは、「今は必ずしも必要ではないものの、習得することによって、自分のためにも人のためにも役立つこと」です。

たとえば、私はファイナンシャルプランナーの資格を持っています。しかし、資格をとっただけでは知識も経験も足らず、人様のお役には立てません。そこで、資格取得後、時間とお金をかけて情報を集め、体験を増やし、他のファイナンシャルプランナーさんよりも人の役に立てるよう努めてきました。

そのためにかかるお金、時間、労力はすべて「将来の自分の価値」を増やすための自己投資です。自分が成長することによって得られる金銭的なリターンは大きく、家族や大切な人からの感謝は、ポジティブな感情というお金では得難いプラスをもたらします。

自己投資を始めるタイミングは、常に「今、この瞬間」です。なぜなら、人生で一番若い日は今日なのですから。現状を見て、将来の自分を思い描き、正しいゴールに向けて踏み出しましょう。

PART 3

会社の仕組みがわかると株もわかる

小学生の五女が通っている学校では、お金に関する授業が行われています。テーマは「会社」。自分たちのクラスを一つの会社と考えて事業計画を立て、出資金を募り、そのお金を元手にビジネスをして利益を上げるという実践的な内容です。娘たちのクラスがつくった会社は「株式会社4年1組」というものでした。

子どもたちが立てた事業計画はエコバッグの製造販売。出資者は子どもたちの保護者で、出資額は各家庭で一律100円と決まりました。

20人ほどのクラスなので、出資金は約2000円。そこに学校からの補助金が出ますが、これは金融機関からの融資のような意味合いです。

こうして集まったお金を前に、「出資してもらった大切なお金を大事に使おう」と娘たちはいろいろ話し合ったそうです。

・バッグをつくる生地はどこで仕入れるのが安くてトクか？
・ミシンで縫えるか？
・アイロンプリントのデザインは用意できるか？
・アイロンプリントにかかる費用はどのくらいか？

概算が出たところで生地店に行き、自分たちで布を購入。家庭科室のミシンを使って縫い、そこに「自分たちの学校、環境を大事にしよう」とアイロンプリントを入れ、地元の商店街で販売しました。

価格は一つ400円。

なかなか強気な価格設定ですが、事前に全員で「布の購入費」「縫う作業」「アイロンプリントのデザイン作成費」「アイロンプリントの用紙代」「ミシンとアイロンがけのための電気代」「みんなの人件費」など、製作にかかった費用を計上したうえで決めた価格だったそうです。

商店街での販売では娘たちが店頭に立ち、「株式会社4年1組です！」「エコバッグを販売しています！」と声を上げ、道行く人に1枚1枚売っていきました。

商品は完売に近い売れ行きで、ひと家庭に120円ずつ戻せるだけの売上げが出たと報告がありました（その売上げは、学級活動のために寄付することになったそうです）。

この体験授業によって会社というもの、商売と儲けの仕組みがおぼろげながらつかめたようです。

娘はお客さんから「いいバッグだね」と言われて、うれしかったと話していました。

子どもに身近な会社に投資してみる手も

投資信託を買うと、必然的に企業の株に投資したことになります。

お子さんから、「株式会社って何？」と聞かれたとき、どう答えればいいのでしょうか。

会社は、お金と社会のつながりを考えるうえで無視できない存在です。

そもそも、会社は働く人たちの集団で、社会に役立つ事業を継続していくために努力しています。新規事業を行うため、既存の事業を発展させるために出資金を集めるわけですが、そのときに発行するのが株式です。「株式会社4年1組」の例で言えば、保護者が一律に出資した100円に対して、本来であれば株式が発行されます。

事業がうまくいって、その会社にはお金を生み出す価値があると多くの人が認めると、株の価格である株価も上昇します。また、事業によって出た儲けは一部が再び投資に回され、一部が配当として株主に還元されます。これも「株式会社4年1組」の例で言えば、各家庭に戻すことのできる120円が配当に当たります。

こうした説明は、**お子さんにとって身近な会社をモデルケースにしながら話していくと効果的です。**

たとえば、子どもたちに人気のゲーム機、ニンテンドースイッチを製造販売している任天堂、コンビニのアイス売り場に欠かせないガリガリ君の赤城乳業、おまけつきのハッピーセットで子どもたちを惹きつけるマクドナルドなど。

こうした会社がどんな事業を行っているのか、なぜ人気なのか、長期間で見た株価の動きはどうなのか。そんなことをお子さんと一緒に調べていくことで、会社の仕組みが見えてきます。

余裕資金があるならば、実際に少額で個別のミニ株を購入してみるのもいいでしょう。株価の動きを見ながら、会社が発表した新規事業の行方を追いかけながら、今の価値と将来の価値の変化を実感する機会にもなるはずです。

おわりに――生きたお金の使い方

思い返してみると、私は親から「お金の教育」を受けた記憶がありません。ただ、一つだけ強く印象に残っている言葉があります。それは、ことあるごとに母親が投げかけてきた、「生きたお金の使い方をしなさい」という言葉です。

子どものころは何を意味するのかよくわかっていませんでしたが、社会人になり、人並み以上にお金の失敗を経験して、人様の家計の相談に乗り、子どもたちを育てるようになってから、母親の言っていた「生きたお金の使い方をしろ」という言葉の意味がわかってきたような気がしています。

「生きたお金の使い方」ができるかどうかは、その人の生き方が影響します。

たとえば、私たちの目の前にある商品やサービスにはすべて価格があります。ホテルのラウンジで飲むコーヒーは１２００円で、コンビニで買う挽きたてコーヒーは１００円。

数字だけを見て「高い・安い」を判断すると、ホテルのコーヒーは高くて無駄づかい、コンビニのコーヒーは安いからおトク、となってしまいがちです。

でも、あなたにとってのものの価値は、高いか安いかだけで決まるものでしょうか？「少々高くても、やってみたいこと」もあれば、「安くても、すごく価値のあるもの」もあります。

私の母親が言っていた「生きたお金の使い方をしろ」とは、使うお金、使ったお金を「生き金」にするために、ちゃんと自分の価値観で判断して決めなさい、ということだったのだと思い当たります。

あらためて考えてみると不思議なもので、1000円は1000円で1万円は1万円。お金のそのものの価値は誰が持っていても平等です。仕事の報酬として受けとるとき、何かを買うとき、誰かから借りるとき、返すとき、お金そのものに金額以上の価値はなく、それ以下でもありません。

ところが、その金額のありがたみをどう感じるかは、人により異なります。

子どものころ、お年玉でもらった1万円は途方もない大金のように感じたものです。社会人になって初めてもらったボーナスを前に、「こんなに使えるかな？」と思ったのも束の間、1週間後にはきれいさっぱりなくなっていた……。そんな経験はありませんか？　普通はあまりないですかね（笑）。

年齢はもちろん、そのときの状況、環境、収入や生活に必要な額によって、感じる重みは変化します。給料日前で財布がさみしいとき、かばんの底から500円玉が出てくればうれしいですし、ギャンブルにハマっている人にとって、1万円はすぐになくなる軽いものかもしれません。

お金は、何かを成し遂げようとするときに使います。

言い換えれば、お金は使い方によってその価値が変化するのです。生きたお金になるのか、単なる消費や浪費になるのか——。お金の価値は、お金を使う人によって決まります。

つまり、日ごろからのお金との向き合い方、使い方、生活習慣、環境など、いろいろなものが影響して形づくられたその人なりのお金の価値観こそ、何より重要なのです。

だからこそ、私は子どもたちに「生きたお金の使い方」ができるお金の価値観を身につけてもらいたいと願い、そのための働きかけを続けてきました。

震災のときにわかった子どもたちの成長

わが家では子どもたちに資産を残さない方針です。でも、自分で調べる力やお金を増やす力は伝えていきたいと思い、「ドル建ておこづかい制」や「おこづかい帳」、「家族マネー会議」などの仕組みをとり入れ、親子でお金に関するコミュニケーションの時間が増えるよう心がけています。

また、「投資」に関しては時間が味方になることを教え、早くからとり組んでいくように促しています。

こうした働きかけの成果か、6人の子どもたちはそれぞれの個性に応じたお金の価値観を身につけつつあるのを感じています。特に社会人、大学生となった上の子たちは、私の10代、20代のころと比べると、あきらかにきちんとしたお金の優等生になってくれました。

ただ、心配していることもあります。

それは「消費」「浪費」「投資」を意識して大切にお金を使おうとするあまり、ケチケチ節約ばかりする子になってしまうのではないか……という懸念です。

ところが、東日本大震災のあと、私の心配は杞憂だったことがあきらかになりました。震災のあった月末の「家族マネー会議」で、東日本大震災への寄付が大きなテーマになったのです。

私は日ごろから、子どもたちに寄付することをすすめてきました。というのも、お金と社会のつながりを考えるうえで、そもそも日本に生まれ育ったことがいかに恵まれているかを伝えたいからです。海外にはまだまだ生活のためのインフラが整わず、毎日の食事に困るような暮らしをしている人たちもたくさんいます。

人間は大人も子どもも自分をとり巻く日常が「普通だ」と思いがちです。しかし、しっかりした教育を受け、おこづかいをもらいながら育ち、学生のころから投資をするという選択肢のある環境は、世界的に見ると必ずしも「普通」ではないのです。

その豊かさ、得られているメリットを知ってもらうためにも、たとえ少額でも、寄付という形で他者を思いやる気持ちを示すよう話してきました。

そんな背景があったためか、震災後の「家族マネー会議」では当然のように、「家族みんなで寄付をしよう」という話になったのです。

各自のおこづかいから出すだけでなく、家計からも捻出することになり、議論が白熱したのが寄付の金額をいくらにするかでした。

私は「寄付をしよう」とまでは決めていたものの、具体的な金額については考えていませんでした。すると、長女を中心とした子どもたちが、「まさか数万円くらいで終わらそうと思ってないよね？」と詰め寄ってきたのです。

結果的に子どもたちの気持ちに押される形で、私からすると想定以上の多額の寄付をすることになりました。

あの日の「家族マネー会議」は、とてもうれしい出来事として記憶に残っています。

使うべきときには惜しまず使えるメリハリのある金銭感覚を育んでほしい。私は子どもたちとお金の話をしながら、いつもそんなふうに願ってきました。その思いが十分に伝わっていることがわかったからです。

子どもたちは、「いま必要な人のところへ、少しでも多くの寄付を送りたい」と考え、実行してくれました。まさに「生きたお金の使い方」です。

お金は自分の描きたい人生を実現するためのツールで、その使い方にはあなた自身、お子さん自身が投影されます。

どんな姿をお子さんたちに見せたいか。どんな姿をお子さんたちに見せてもらいたいか。金銭教育には、何がいいという唯一無二の正解はありません。

まずは親御さんが心を開いて、お金について、投資について語りかけてみてください。コミュニケーションを重ねるうち、あなたとお子さんにとってしっくりくる着地点が見えてくるはずです。

本書が、あなたのご家族の可能性を引き出すきっかけになることを願っています。

著者紹介

横山　光昭（よこやま みつあき）
家計再生コンサルタント、株式会社マイエフピー代表。お金の使い方そのものを改善する独自の家計再生プログラムで、家計の問題の抜本的解決、確実な再生を目指し、これまでの相談者数は２万３千人を突破。各種メディアへの執筆・講演も多数。個人のお金の悩みを解決したいと奔走するファイナンシャルプランナー。

子《こ》どもが10歳《さい》になったら投資《とうし》をさせなさい

2019年12月１日　第１刷

著　　者　横《よこ》山《やま》光《みつ》昭《あき》

発行者　小澤源太郎

責任編集　株式会社 プライム涌光
電話　編集部　03(3203)2850

発行所　株式会社 青春出版社
東京都新宿区若松町12番１号 〒162-0056
振替番号　00190-7-98602
電話　営業部　03(3207)1916

印　刷　中央精版印刷　　製　本　大口製本

万一、落丁、乱丁がありました節は、お取りかえします。
ISBN978-4-413-23139-8 C0037